*Foto: Suzy Stöckl, Wien*

**Prof. Rita Fasel,** Arbeitsschwerpunkte in Hand- und Fußlese-Kunde sowie in europäischer und tibetischer Augendiagnose. Buch-Bestseller „Die Spuren der Seele. Was Auge, Hand und Fuß über uns verraten" und „Fußdiagnose", Buch mit 49 Analyse-Karten (zusammen mit Ruediger Dahlke).
Lehrtätigkeit an verschiedenen Institutionen, bei Ärztefortbildungen und an Heilpraktikerschulen.

Rita Fasel

# HANDDIAGNOSE

## Was die Hände über uns verraten

in Zusammenarbeit mit Eva-Christiane Wetterer

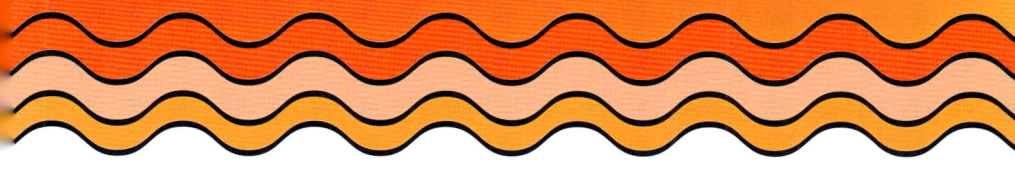

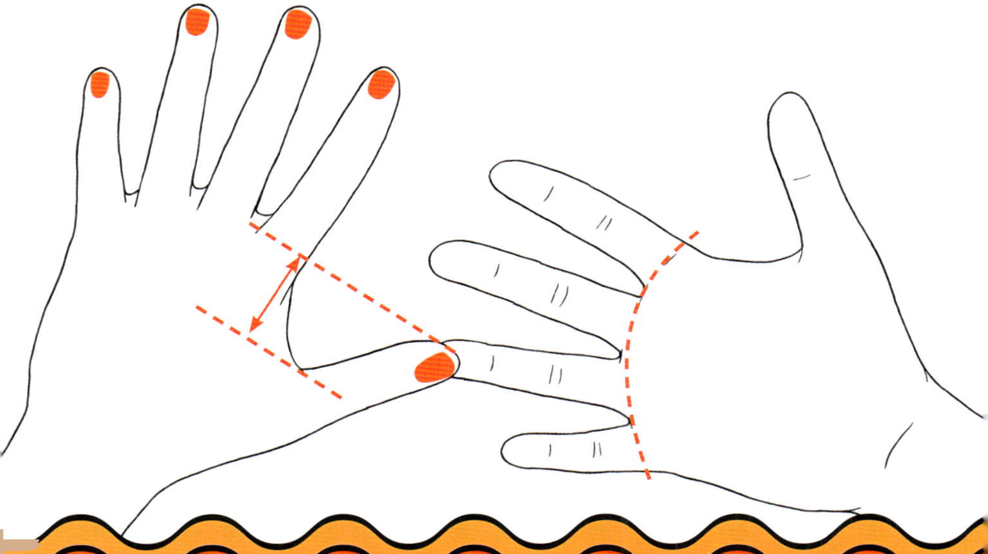

KÖNIGSFURT-URANIA

HINWEIS Die in diesem Buch und auf den Karten enthaltenen Informationen und Ratschläge wurden von der Autorin sorgfältig recherchiert und geprüft. Sie ersetzen nicht die Beratung durch einen Arzt oder Therapeuten, wenn dies angebracht ist. Eine Haftung der Autorin, des Herausgebers oder des Verlags für Personen-, Sach- oder Vermögensschäden ist ausgeschlossen.
ZUR BEACHTUNG Die Hinweise und Tipps auf den beiliegenden Karten sowie im Buch beruhen auf Erfahrungswerten, sie gelten nicht für jede Person und unter allen Umständen. Zum Respekt vor dem Lebendigen gehört auch der Respekt vor allem Unbekannten, das sich erst noch erschließen kann.

*Bibliographische Information der Deutschen Nationalbibliothek*
*Die Deutsche Nationalbibliothek verzeichnet diese Publikation in der Deutschen Nationalbibliographie; detaillierte bibliographische Daten sind im Internet über http://dnb.d-nb.de abrufbar.*

Die Texte und Abbildungen in diesem Buch sind urheberrechtlich geschützt. Kein Teil dieses Buchs darf ohne schriftliche Genehmigung durch den Verlag reproduziert oder in irgendeiner Weise weiterverwendet werden; das gilt besonders auch für eine Verwendung im Internet. Ausgenommen sind kurze Zitate oder kleine Buchausschnitte innerhalb von Besprechungen dieses Buchs.

Originalausgabe
Krummwisch bei Kiel 2018

© 2018 by Königsfurt-Urania Verlag GmbH
D-24796 Krummwisch
www.koenigsfurt-urania.com

Projektmanagement: Eva-Christiane Wetterer, Hamburg
Umschlagdesign: Antje Betken unter Verwendung der Illustrationen von Lara Snicket
Illustrationen: Lara Snicket, Hamburg
Cover, Buch und Karten: Wellenlinien: Sylverarts © Fotolia.com
S. 14/15 + Karte 13 Planeten-Icons: sudowoodo © Adobe Stock
S. 14/15 + 99 Chakren-Icons: sunnychicka © Adobe Stock
S. 21 Fibonacci Spirale, Goldener Schnitt: Anne Mathiasz © Adobe Stock
S. 108 Gebärdensprache: Séa © Adobe Stock
Lektorat: Martina Weihe-Reckewitz
Satz und Layout: Antje Betken, Oldenbüttel
Druck Buch: Finidr s.r.o

Druck Karten & Schachtel: Spielkartenfabrik Altenburg GmbH
Printed in EU

ISBN 978-3-86826-173-8 (Set: Buch und Karten)

# *Inhalt*

**Das Leben in die Hand nehmen …** .................................................................................... 8
**Wie werden Hände analysiert** ........................................................................................ 10
**Urprinzipen und Urenergien der Hände und Finger** ...................................................... 14

    **GRUNDLAGEN I  Händigkeit** – *Die kreative Minderheit* ............................................ 16
    *Karte 4*

    **GRUNDLAGEN II  Dominanzen** – *Ich und Du oder Du und ich?* ............................... 18
    *Karte 5*

    **GRUNDLAGEN III  Goldener Schnitt** – *Die ideale Hand* .......................................... 20
    *Karte 6*

    **GRUNDLAGEN IV  Fingerform und Größe** – *Welche Spuren hinterlassen wir?*   22
    *Karte 7*

    **HANDFORMEN I  Erdhände** – *Immer auf der sicheren Seite* ..................................... 24
    *Karte 8*

    **HANDFORMEN II  Lufthände** – *Alle Bälle in der Luft* ................................................ 26
    *Karte 9*

    **HANDFORMEN III  Feuerhände** – *Stillstand ist Rückschritt* ..................................... 28
    *Karte 10*

    **HANDFORMEN IV  Wasserhände** – *Ganz im Fluss des Lebens* ............................... 30
    *Karte 11*

    **HANDFORMEN V  Beziehung** – *Was Handpaare über Partnerschaft verraten* .... 32
    *Karte 12*

    **FINGER I  Bedeutung** – *Die Klaviatur des Lebens* .................................................. 36
    *Karte 13*

    **FINGER II  Wurzeln** – *Runde Persönlichkeit oder mangelnde Entwicklung?* .......... 38
    *Karte 14*

    **FINGER III  Fingerberge** – *Landkarte der Talente und Gaben* ................................. 40
    *Karte 15*

    **FINGER IV  Untere Berge** – *Weibliche Kraft ist die Basis* ......................................... 42
    *Karte 16*

    **FINGER V  Marsberge** – *Tatkraft und Mut* ................................................................ 44
    *Karte 17*

    **FINGER VI  Daumenansatz** – *Der Hebel zum Erfolg* ............................................... 46
    *Karte 18*

**FINGER VII  Daumen** – Das Powerpaket .................................................................. 48
*Karte 19*

**FINGER VIII  Zeigefinger** – Das Göttliche in uns ................................................ 50
*Karte 20*

**FINGER IX  Mittelfinger** – Der Ordnungshüter .................................................. 52
*Karte 21*

**FINGER X  Ringfinger** – Der Möchtegern-Mittelpunkt ..................................... 54
*Karte 22*

**FINGER XI  Kleiner Finger** – Das Kommunikationswunder ............................. 56
*Karte 23*

**FINGER XII  Spitzen** – Die Welt begreifen ........................................................ 58
*Karte 24*

**FINGER XIII  Ausrichtung** – Biegungen und Wege ........................................... 62
*Karte 25*

**FINGERKUPPE I  Tröpfchen** – Die Hügel der Empfindsamkeit ....................... 64
*Karte 26*

**FINGERKUPPE II  Linien** – Lebensspuren ........................................................ 66
*Karte 27*

**FINGERABDRUCK I  Muster** – Das unverwechselbare Ich ............................. 68
*Karte 28*

**FINGERABDRUCK II  Schlaufen** – Mit offenem Herzen ganz bei sich ............ 70
*Karte 29*

**FINGERABDRUCK III  Kreise** – Einer Sache dienen, ohne zu verbrennen ...... 72
*Karte 30*

**FINGERABDRUCK IV  Bäume** – Zwischen Verzettelung und Konzentration .... 74
*Karte 31*

**FINGERABDRUCK V  Hügel** – Im Auf und Ab des Lebens Ruhe finden ......... 76
*Karte 32*

**FINGERNÄGEL I  Monde** – Zeichen der Schönheit und Gesundheit ............... 78
*Karte 33*

**FINGERNÄGEL II  Rillen / FINGERNÄGEL III  Störungen 1** – Fingernagel-Check 80
*Karten 34 + 35*

**FINGERNÄGEL IV  Störungen 2** – In den Nägeln lesen .................................. 82
*Karte 36*

**HANDLINIEN I  Lebenslinie** – Im eigenen Leben verankert ........................................ 84
*Karte 37*

**HANDLINIEN II  Kopflinie** – Gedankenwelten in der Hand ........................................ 86
*Karte 38*

**HANDLINIEN III   Herzlinie** – Der persönliche Herzmodus ........................................ 88
*Karte 39*

**HANDLINIEN IV   Schicksalslinie** – Schicksal ist Gabe und Aufgabe  ....................... 90
*Karte 40*

**HANDLINIEN V   Einzelheiten** – Besondere Energien und Ereignisse ....................... 92
*Karte 41*

**HANDLINIEN VI  Raszetten** – Das Armband der Fruchtbarkeit ................................. 94
*Karte 42*

**HÄNDE ENERGIE I  Meridiane** – Unsere Lebensbahnen .............................................. 96
*Karte 43*

**HÄNDE ENERGIE II  Chakren** – Lebensenergie in unserer Hand ............................... 98
*Karte 44*

**HÄNDE ENERGIE III  Reflexzonen** – Heilsame Wechselwirkung  ............................100
*Karte 45*

**HÄNDE ENERGIE IV  Mudra** – Das, was Freude bringt ...............................................102
*Karte 46*

**HÄNDE ENERGIE V  Fingerspiele** – Alles ist eins  ........................................................104
*Karte 47*

**GRAPHOLOGIE** – Sich schreibend sichtbar machen .....................................................106
*Karte 48*

**Anhang** ........................................................................................................................... 108

*Mit den Augen hören* ....................................................................................................108

*Redewendungen zum Thema Hände* ..........................................................................108

*Register*  ........................................................................................................................ 110

# Das Leben in die Hand nehmen ...

*Unsere Hände sind ein wahres Wunderwerk.* Sie gelten neben dem Gesicht als der individuellste und unverwechselbare Teil des Menschen. Muskeln und Sehnen, 27 Knochen, drei Nerven, zwei Arterien und tausende Fühlkörperchen bilden das zarte Gefüge, das als eine der kompliziertesten Körperregionen des Menschen betrachtet wird. Abgesehen von dem überragenden Nutzen der Hände als Kommunikationsmittel, Werkzeug, Lenker, Streichler, Warner, Mittler, Spieler und Greifer gibt es symbolische Gesten, die einem Siegel gleichkommen und seit Jahrtausenden Gültigkeit haben. Wir reichen einem geliebten Menschen die Hand zum Bund fürs Leben, besiegeln ein Geschäft mit Handschlag, erheben die Faust als Kriegsansage. Komplette Sprachen werden über Gebärden abgebildet und ermöglichen es, gehörlosen Menschen am Leben teilzuhaben.
*Die Hände meiner Mitmenschen* haben mich bereits in früher Kindheit zutiefst fasziniert und interessiert. Von meinem siebten Lebensjahr an lernte ich, ohne technische Hilfsmittel aus der Hand zu lesen. Meine beiden Großmütter Ida und Hulda haben sich ihr Leben lang intensiv mit **Chiro-Mantie** (der Handliniendeutung mit Zeitangabe) beschäftigt und von diesen wissenden Frauen habe ich unendlich viel gelernt. Doch sehr früh habe ich für mich entschieden, über **Chiro-Logie** (die Analyse der Handform, der Feinheiten, Signaturen und Linien) zu praktizieren. Die Hände, die einzelnen Finger, die unveränderlichen Fingerabdrücke, die Fingernägel – all dies ergibt in der Zusammenschau ein differenziertes Bild der jeweiligen Person. Allein der Daumen hat eine entscheidende Rolle im Team der Finger, er weist auf Mut, Stärke und Macht hin. Bereits Caesar zeigte symbolisch mit dem Heben oder Senken des Daumens, was sein Wille war.

*Hand und Geist sind zarteste und mächtigste Waffe.*
Oswald Spengler, Urfragen

**Die Basis der Handanalyse** ist durch die Elementenlehre, die körperlichen Polaritäten, tradiertes Wissen und neueste Forschung belegt und vielfach bewiesen. Bereits im Altertum wurden die Hände untersucht und analysiert, die Handlesekunst war eine angesehene Geheimwissenschaft. Aristoteles sprach etwa 350 v. Chr. von „uralter Wissenschaft" und entwickelte sie weiter zur medizinischen Handanalyse. Immanuel Kant nannte die Hände den sichtbaren Teil des Gehirns und die Forschung stellt Zusammenhänge zwischen Hand und Gehirn her, die Staunen machen. Hochinteressantes findet sich in diesem Handanalyse-Set: Die Wirkung der Elemente, die Inhalte der Archetypen, die Gesundheitszeichen und die Warnsignale, wie die Fingerabdrücke entschlüsselt werden und wo die Seele in der Hand verankert ist.

Die eigenen Hände lehren uns die Kunst, das Leben anzupacken und auf ureigene Weise zu gestalten. Ob wild, zart, abwartend, direkt, zugewandt oder auf uns bezogen – all das weisen die Hände aus. Mit den Karten und diesem erweiternden Buch können Sie, liebe Leserinnen und Leser, sich Ihren persönlichen Wegweiser zusammenstellen und mehr und mehr verwirklichen, was Ihnen buchstäblich in Ihre Hände gelegt wurde: sich selbst. Dabei wünsche ich Ihnen Freude und Staunen und Lust, die eigenen Grenzen zu erweitern.

*Ich bin mir sicher, dass meine Großmütter Freude an meinem heutigen Wissen und Wirken hätten. Und ich widme ihnen mein Handanalyse-Set voller Liebe und Dankbarkeit.*

Rita Fasel
Herbst 2018

# Wie werden die Hände analysiert?

Die Handanalyse arbeitet mit unterschiedlichen Wissensfeldern. Seit Jahrhunderten wird mit Planeten und auch antiken Göttern als Signifikatoren, Symbolen und Urprinzipien gearbeitet. Dazu kommt die Lehre der vier Elemente – Feuer, Erde, Luft und Wasser – und das Wissen um die Polarität in allem. In diesem Kartenset und Buch wird für die Handanalyse Bezug darauf genommen, doch jedes einzelne dieser großen Themen ist ein Schatz an Wissen und Weisheit und vielleicht haben Sie Freude daran, es generell zu vertiefen.

> **Der Kern der Analyse** Für die Deutung betrachten wir die **unveränderliche Handform und besondere Teile der Finger**. Dazu kommen die **Finger selbst** als ausdrucksstarke Bereiche unserer Persönlichkeit, die **sich im Laufe des Lebens verändern können** – und zwar dann, wenn wir uns analog zu den jeweiligen Prinzipien wandeln.

## Die unveränderliche Basis

Die Handform bleibt im Wesentlichen erhalten, ebenso die Formen der Fingerspitzen, die Länge der Finger und das Verhältnis der Fingerglieder zueinander. Unsere Fingerabdrücke sind zeitlebens unveränderlich, allein deswegen eignen sie sich zur Identifizierung. Die Deutung dieser Bereiche ist eine Grundlage, auf die wir immer bauen können. Umso wichtiger ist es, die eigenen Besonderheiten zu kennen.
Mehr dazu auf den Seiten 22, 24 – 31, 58 – 61, 68 – 77.

## *Die Akteure unserer inneren Welt*

Für die Deutung der Finger sind erst einmal Form und Richtung wichtig.

- **Gerade Finger und Hände** gehören zu gradlinigen Menschen, die den Augenblick wertschätzen.
- **Krumme Finger** zeigen Besitzer, die sich regelrecht verbiegen. Je gebogener die Finger, desto mehr leben ihre Besitzer gegen ihr Naturell.
- **Wenn Zeige- und Mittelfinger** z. B. von der Mitte nach außen weisen, dokumentieren sie, wie sehr sich jemand für andere Menschen verbiegt und seine Anlagen „unerlöst" lebt.

*Jeder der 10 Finger steht für eigene Begabungen und Bedürfnisse,* die konkret über urprinzipielle Zuordnungen definiert sind. Dazu weist er ebenso auf die Angst hin, diese Bedürfnisse nicht erfüllen zu können und in diesem Punkt abgelehnt oder abgewiesen zu werden. Um diese Themen drehen und wenden wir uns und verbiegen uns oft mehr und mehr. **Unsere Finger zeigen es und präsentieren konkret die Themen, bei denen das geschieht.** Die Verformungen können sich im Laufe des Lebens langsam wieder zurückbilden und verdeutlichen die persönlichen Entwicklungsschritte, die persönliche „Erlösung". Mehr dazu auf den Seiten 36 – 37, 48 – 57.

## *Zeitzeichen beachten*

**Jede Verletzung oder Warze an den Händen** ist ein Hinweis, manchmal ein Alarmzeichen. Das oberste Fingerglied des rechten Zeigefingers ist die am häufigsten verletzte Zone der Hand und damit des Menschen. Wer ein Leben gegen seine innersten Überzeugungen, Ideale und Prinzipien führt, kann dazu neigen, sich hier zu verletzen. **Bleibende Narben in den Händen** weisen fast immer auf einschneidende Erlebnisse hin. Die Art der Narbe ermöglicht einen Rückblick in die Zeit der Verletzung und das damalige Wesen des Betroffenen. Der Sitz der Narbe zeigt auch hier das konkrete Thema an. Mehr dazu auf den Seiten 39, 66 – 67, 80 – 83.

## *Die klassischen Urprinzipien*

Jeder Mensch trägt das klassische astrologische bzw. urprinzipielle Szenario in seinen Händen. Die Finger sind die lebendigen Darsteller dieser Prinzipien, die uns jederzeit Auskunft geben über die Themen
- Dominanz und Macht
- Selbstwert und Selbstbewusstsein
- Verantwortungsgefühl und Pflicht
- Beziehungen
- Kommunikation

Die Deutung ist für die linke und die rechte Hand unterschiedlich. Die folgende Doppelseite zeigt für jeden Finger die Prinzipien, die Elemente, die Archetypen und die körperlichen Bezüge im Überblick. Wer sich auf die Jahrtausende alten Prinzipien einlässt, hat damit einen großartigen Info-Pool zur Hand und kann sein eigenes Drehbuch für die Änderungen verfassen und umsetzen. Mehr dazu auf den Seiten 14 – 15, 48 – 57.

## *Gehen Sie Schritt für Schritt vor und verschaffen Sie sich den ersten Überblick.*
- Wie sind Sie gepolt? Mit linker oder rechter Dominanz?
- Welchem Element entsprechen Ihre Hände? Feuer, Wasser, Erde oder Luft?

- Wo sitzt Ihr Daumenansatz, also Ihre Tatkraft real und im übertragenen Sinn?
- Welche Berge und damit weiblichen und männlichen Energien finden Sie in Ihrer Handinnenseite?
- Was lernen Sie über sich durch Ihre einzelnen Finger?
- Was sagt die Kombination mit den verschiedenen Fingerspitzen aus?
- Welches Lebensmuster offenbaren die einzigartigen Fingerabdruckmuster?
- Welche spannenden Kombinationen ergeben sich mit den Fingerarchetypen?
- Was sehen Sie im „Schaufenster" der Fingernägel über Ihre Gesundheit?

Durch die Kombination der Informationen erfahren Sie mehr und mehr, wie die Hände und Finger zu deuten sind und was Ihnen diese Analyse konkret vermittelt. Je mehr Sie sich mit den Händen beschäftigen, umso mehr schärft sich der Blick für die Zusammenhänge – und die Aha-Erlebnisse können ein erster Impuls für Veränderungen werden.

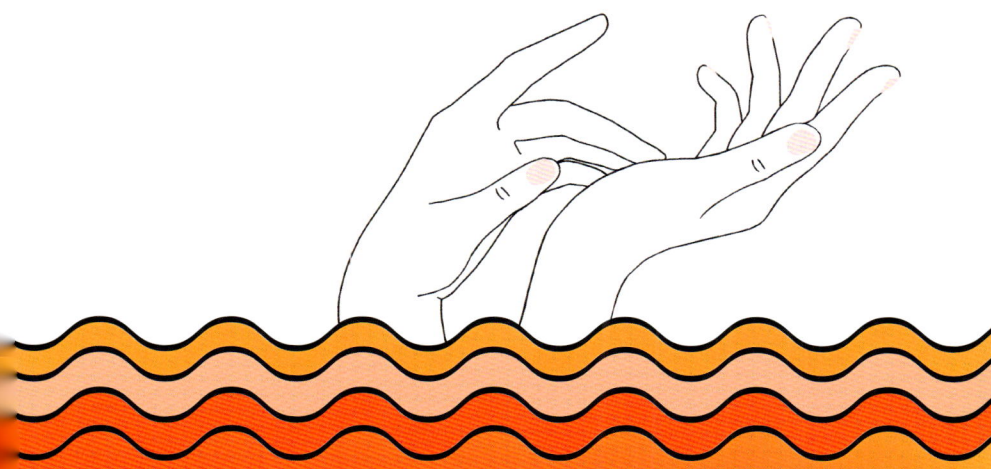

# Urprinzipen und Urenergien der Hände und Finger

**Gesamtlebensantrieb**
**Weibliche Macht + Held**
Kraft – Aktion – Mut
**Meridian** Lunge + Lymphen

**Selbstwertfinger**
**Hohepriester + Genuss**
Großzügigkeit – Sinn – Werte
**Meridian** Dickdarm + Nervensystem

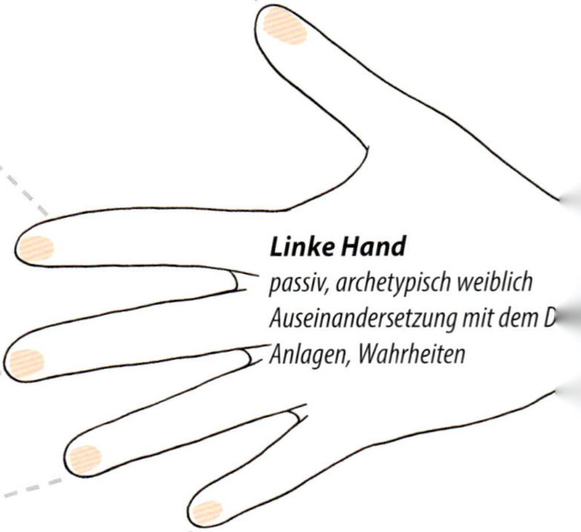

**Pflichtfinger**
**Der alte Weise + Perfektion**
Verantwortung – Grenze – Struktur
**Meridian** Kreislauf + Allergie

**Beziehungsfinger**
**Der König + Ausstrahlung**
Beziehungen – Zentrum – Bewusstsein
**Meridian** Drüsen

**Linke Hand**
passiv, archetypisch weiblich
Auseinandersetzung mit dem D
Anlagen, Wahrheiten

**Kommunikationsfinger**
**Händler + Eigene Emotionen**
Gedanken – Ideen – Netzwerk
**Meridian** Herz + Dünndarm

**Dominanzhebel**
**Berufliche Macht + Held**
Kraft – Aktion – Mut
**Meridian** Lunge + Lymphen

**Besserwisserfinger**
**Hohepriester + Entsagung**
Großzügigkeit – Sinn – Werte
**Meridian** Dickdarm + Nervensystem

**Rechte Hand**
aktiv, archetypisch männlich
Gegenwart und Entscheidungen
Umsetzung der Anlagen

**Urteilsfinger**
**Der alte Weise + Selbstbetrachtung**
Verantwortung – Grenze – Struktur
**Meridian** Kreislauf + Allergie

**Gefühlsfinger**
**Der König + Selbstwert**
Beziehungen – Zentrum – Bewusstsein
**Meridian** Drüsen

**Gesellschaftsfinger**
**Kundschafter + Berufskommunikation**
Gedanken – Ideen – Netzwerk
**Meridian** Herz + Dünndarm

## GRUNDLAGEN I *Händigkeit*

**Sind Sie links- oder rechtshändig?**

### Die kreative Minderheit

**Links oder rechts –** unsere Händigkeit ist angeboren. 40 % der Menschen sind Linkshänder, 60 % Rechtshänder. Diese Tatsache ist vermutlich der Evolution geschuldet. Gesteuert durch die rationale präzise linke Gehirnhälfte war die rechte Hand der linken motorisch überlegen, was vermutlich überlebenswichtig war. Meist kann sehr früh festgestellt werden, mit welcher Hand ein Kind bevorzugt greift, malt oder auf etwas zeigt. Im Gegensatz zum angelsächsichen Kulturraum wurden Linkshänder in allen EU-Ländern und der Schweiz bis vor einigen Jahren schonungslos umtrainiert. Das hatte weitreichende Folgen für ganze Generationen von Kindern, die Probleme mit ihrer Orientierung bekamen und oft lebenslang behielten.

In einigen Fällen kann eine solche Umstellung zu Beidhändigkeit führen, die das Gehirn besser organisiert. Bei Linkshändern wird die dominante Hand von der rechten Gehirnhälfte geführt, die kreativer und ganzheitlicher arbeitet und für das Raumempfinden zuständig ist. Wird nun die linke Gehirnhälfte aktiviert, betrifft das die Bereiche Ratio, Sprache, Zeitempfinden.

***Test*** Stellen Sie sich vor, Sie applaudieren in einem Konzert begeistert. Klatschen Sie und achten Sie dabei bewusst auf Ihre Hände. Welche Hand ist passiver Resonanzkörper, welche Hand bewegt sich schlagend?

1. Wenn Sie mit der linken Hand schlagen und die rechte still halten, sind Sie Linkshänder. Wenn Sie davon bisher nichts wussten, beobachten Sie sich weiter beim Zähneputzen, Ballwerfen oder Fangen oder lassen Sie sich testen.
2. Wenn Sie mit der rechten als Führungshand geklatscht haben, sind Sie ganz sicher Rechtshänder.
3. Haben Sie mit beiden Händen geklatscht, gibt es verschiedene Möglichkeiten. Sie können ein Mensch sein, der früh beide Hände eingesetzt hat, oder Sie wurden früh in Ihrer Lateralität (Händigkeit) verunsichert. Fragen Sie Ihre Eltern oder Großeltern.

Bei Menschen, deren Händigkeit umtrainiert wurde, ist es nie zu spät, der ursprünglich linken Hand wieder zu ihrer Position zu verhelfen und sie langsam und bewusst wieder aktiv einzusetzen. Sie kann wieder zur Führungshand (nicht unbedingt Schreibhand) werden und dem Gehirn durch sportliche und handwerkliche Aktivitäten spürbare Erleichterung und Entspannung schenken.

| Linke Hand / rechte Gehirnhälfte | Rechte Hand / linke Gehirnhälfe |
|:---:|:---:|
| Gefühle, Instinkt, Intuition | Verstand, Vernunft, Logik |
| Musik, Kunst, Bildhaftes Denken | Sprache, Mathematik, Wissenschaft |
| Räumliches Denken | Zeitempfinden |
| Kreativität | Regeln und Gesetze |

## GRUNDLAGEN II *Dominanzen*

**Welcher Teil Ihrer Hand dominiert?**

Finger

Ich-Seite | Du-Seite     Du-Seite | Ich-Seite

Handteller und Rumpf

### *Ich und Du oder Du und Ich?*

Die Hand wird vertikal geteilt, **Daumen und Zeigefinger** befinden sich auf der *Ich-Seite*. Sie geben Auskunft darüber, wie stark sich dieser Mensch für seine eigenen Interessen einsetzt und wie gut seine Fähigkeiten ausgeprägt sind. Die Mitte des Mittelfingers ist diese Grenzlinie zwischen Ich und Du. Saturn, und damit das Urprinzip des Mittelfingers, steht für Grenzen und Verantwortung und zeigt diese Wirkung nach außen. Er macht deutlich, wie Eigenverantwortung und Fremdbestimmung gelebt werden.

Die Hände wirken auf der *Ich-Seite* oft stärker, vermutlich weil ein kräftiger Daumen und sein Ballen oder ein langer Zeigefinger vorhanden sind. Ist der Mittelfinger gerade, wird von einer Ich-Haltung ausgegangen, der Mensch wird sich klar nach außen hin abgrenzen. Manchmal geht das bis zu narzisstischen Neigungen und der Intention, die anderen für sich arbeiten zu lassen.

Wo liegt nun das Gewicht und die Stärke einer Hand? Der Mittelfinger ist das Zünglein an der Waage. Rechts ist sein Thema Ver-

# GRUNDLAGEN

antwortung, links eher Selbstbetrachtung. Darum ranken sich die anderen Finger:
- Menschen mit geradem Mittelfinger sind selbstbewusst und aufrecht.
- Ist der Mittelfinger zum Daumen hin gebogen, sind sie autoritär.
- Ist der Mittelfinger zum zum kleinen Finger nach außen gebogen, sind sie selbstlos und haben sich bereits für andere verbogen.

Auf der **Du-Seite** stehen der **Ringfinger** (Sonne mit dem Prinzip Selbstliebe / Liebesfähigkeit) und der **kleine Finger**, (Merkur mit dem Prinzip Kommunikation). Dort sind Partnerschaftsqualitäten, Familienumgang, Kreativität und das Kommunikationslevel der Person zu erkennen. Ist die Abteilung „Kleiner Finger und Ringfinger" deutlich breiter, gehören Eigenschaften wie Kreativität, Fantasie, Einfühlvermögen und auch besondere Ausdrucksmöglichkeiten zum persönlichen Spektrum. Es können Theaterspiel, non-verbale Kommunikation, aber auch Sprachbegabung eine Rolle spielen.

Wenn keine direkt erkennbare Ich- oder Du-Seitenteilung erkennbar ist, sind das Hände von ausgewogenen und meist auch ausgeglichenen Personen. Sie verbinden verschiedene Bereiche fair miteinander, können sich sicher behaupten und durchsetzen. Geben und Nehmen sind im Einklang und der soziale Austausch auf Augenhöhe. Wird Unentschlossenheit sichtbar, ist dies ein Aufruf, Ziele und Grenzen im Berufs- und Privatleben besser zu klären.

***Tipp*** Die Ich-/Du-Seitendeutung zeigt durch den Blick auf die Außenseiten der Hand, wie dominant eine Person wirklich ist. Zur Überprüfung eignet sich ein Blick in die Innenseiten.

# GRUNDLAGEN III  *Goldener Schnitt*

## Die ideale Hand

Der Goldene Schnitt wird seit jeher mit vollkommener Schönheit in Verbindung gebracht. Dabei spielt das Prinzip der Einheit und der Gleichheit die Schlüsselrolle. Im Goldenen Schnitt entsteht die Einheit nicht durch Gleichheit der Teile (hier also die Gleichheit der Fingerglieder), sondern durch die **Gleichheit der Proportionen**. Die Theorie des Goldenen Schnittes wurde erstmals von Euklid aufgestellt (ca. 360–280 v. Chr.). Die Grundlagen gehen aber nicht nur auf ihn, sondern auch auf Ptolemaios und Heron zurück.

Die Verhältnisse der Teile *Minor zu Major* und *Major zum Ganzen* sind immer gleich. In der Vergangenheit wurde der Goldene Schnitt sowohl unbewusst (die urzeitlichen Steinkeile) als auch bewusst (das Pantheon) umgesetzt. Das subjektiv als schön empfundene Verhältnis kommt ebenso objektiv als ein ursprüngliches Entwicklungsmuster in der Natur vor. Eine Ausdrucksweise dafür ist die sogenannte Fibonacci-Folge: Eine unendliche Folge von Zahlen, bei der sich die jeweils folgende Zahl durch Addition ihrer beiden vorherigen Zahlen ergibt. Es scheint, als sei diese Zahlenfolge eine Art Wachstumsmuster in der Natur.

*GRUNDLAGEN*

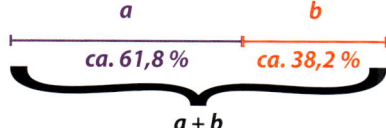

**Die Goldene Formel**  Bei einer Teilung einer Strecke im Verhältnis des Goldenen Schnitts verhält sich a zu b wie a + b zu a. Der stilisierte Ammonit gibt die idealen Proportionen nach dem Goldenen Schnitt wieder.

**Den Goldenen Schnitt erkennen**
Der ursprüngliche Finger und damit der Goldene Schnitt der Vorzeit könnte so aussehen: Der körperliche  Teil an der Fingerwurzel ist am größten, im Verstandesteil wird er kleiner und im Seelenteil wiederum noch kleiner. Heutzutage ist dieser Finger fast nicht mehr zu finden – außer bei Sportlern. Das Gros der Menschen in unseren Bereitengraden ist kopflastiger geworden und so ist meist der Verstandesteil, der Mittelteil eines jeden Fingers, am größten.

Generell findet sich der Goldene Schnitt in der Kunst, der Musik, Architektur, in Datenstrukturen, Bildergrößen, Kristallstrukturen und Blättern und offenbar auch in Schwarzen Löchern des Universums wieder. Tag für Tag zeigt er sich in den Schönheitsidealen unserer Zeit.

| Der Goldene Schnitt beim Menschen* | | |
|---|---|---|
| **Körper** | **Verstand** | **Seele** |
| Oberarm | Unterarm | Hand |
| Oberschenkel | Wade | Fuß |
| Beine | Rumpf | Kopf |
| Mund | Augen | Stirn |
| Kraft | Verstand | Gefühl |

* Das Verhältnis des Goldenen Schnitts zeigt sich in allem.

## GRUNDLAGEN IV  Fingerform und Größe

### Wie lang, dick oder dünn sind Ihre Finger?

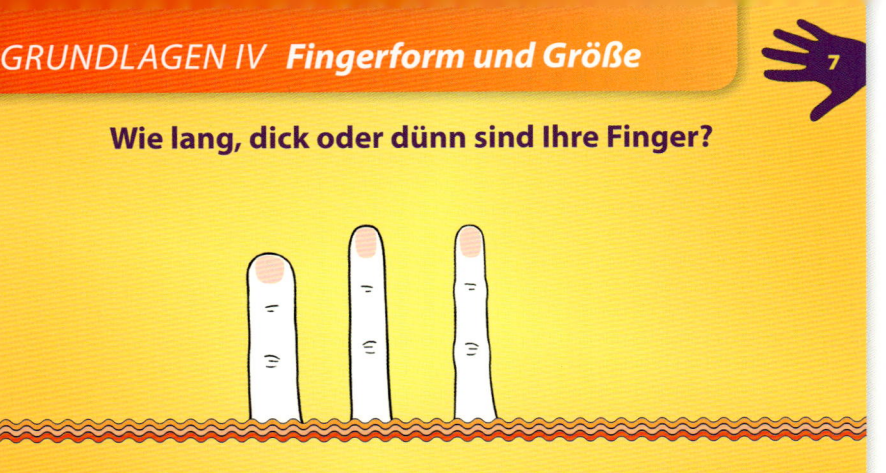

### Welche Spuren hinterlassen wir?

Die Gestalt unserer Finger zeigt deutlich, wie wir die Welt begreifen und berühren. Haben wir Fingerspitzengefühl? Packen wir gleich zu? In jedem Fall hinterlassen wir unverwechselbare Spuren, zum Beispiel mit unseren Fingerabdrücken, die es kein zweites Mal auf der Welt gibt. Durch Fingergröße und Form ist eine erste Unterscheidung sofort möglich.

*Kleine, dicke und kurze Finger*  Diese Menschen begreifen Sachzusammenhänge schnell und verarbeiten Informationen umgehend. Sie sind wahre Praktiker, die intuitiv erfassen, was Sache ist und instinktiv reagieren. Themen werden ganzheitlich verstanden, Detailfragen und Einzelheiten spielen eine untergeordnete Rolle.
In Menschen mit dieser Fingersorte stecken gute Planer und Konstrukteure, die allerdings nicht immer planvoll vorgehen. Sie sind ungeduldig und nehmen gern inhaltliche und reale Abkürzungen, um schneller am Ziel zu sein. Das kann zu Fehlern führen und langfristig Probleme schaffen.

*GRUNDLAGEN*

***Lange, schlanke Finger*** Sie zeichnen Personen aus, die gern ins Detail gehen und alles bis in die kleinste Einzelheit zerlegen und differenzieren. Das Verhalten steigert sich, je mehr Knoten die Finger haben. Knoten sind Gedankenbremsen und sorgen auf diese Weise für gedankliche Konsequenz und große Sorgfalt. Hinzu kommen exaktes und analytisches Denken. Präzisionsarbeiten bieten sich definitiv an. Da die ausgezeichnete Koordination anspruchsvolle Arbeiten nahelegt, kommt der Bereich Chirurgie in Frage. Die extreme Gründlichkeit kann jedoch auch zu Zeitproblemen führen und manchmal blicken diese Menschen vor lauter Detailverliebtheit nicht mehr durch.

***Schlanke, knotige Finger*** Sie deuten auf Menschen mit scharfem Verstand und Talent zum Problemlösen hin. Jeder Knoten entspricht einem Problem – symbolisch und oft auch ganz real. Menschen mit knotigen Händen wurden und werden im übertragenen Sinn die Probleme in die Hände gelegt. Sie manövrieren sich selbst durch Detailversessenheit und endlos sich wiederholende Denkschleifen immer wieder in schwierige Situationen. Ihr unbedingter Ordnungswille kann zur Besessenheit werden. Im besten Fall werden sie – wegen der vielen Zwickmühlen und Hürden – zu guten Problemlösern. Im ungünstigen Fall gehen sie in Problemen unter.

**lange Finger** *intelligent*
**kurze Finger** *impulsiv*
**großgliedrige Finger** *gewissenhaft*
**eckige Finger** *direkt*
**schlanke Finger** *introvertiert*
**krumme Finger** *reizbar*
**glatte Gelenke** *schneller Denker*
**große Gelenke** *rational*

## HANDFORMEN | *Erdhände*

**Haben Sie quadratische Hände mit kurzen Fingern?**

### *Immer auf der sicheren Seite*

Die Erdhand ist die massivste der vier Handtypen, sie ist kräftig, meist breit und auch dicklich rund. Im Verhältnis dazu sind die Finger kurz und meist knotig, die Handinnenflächen haben auffallend wenige Handlinien. Erdhand-Menschen nehmen die Dinge sprichwörtlich in die Hand und machen etwas daraus. Sie schrecken vor harter Arbeit nicht zurück, im Gegenteil, sie identifizieren sich mit solider Handarbeit und setzen diese gern um.

Menschen mit Erdhänden bauen sich häufig ihr Haus zumindest teilweise mit eigenen Händen. Sie schätzen es, sich ihr Glück mit eigener Hand zu verdienen. Der Tradition verpflichtet und eher konventionell ausgerichtet, erweisen sie sich als zuverlässig und stabil, auch emotional. Ihre Umwelt schätzt sie aufgrund des loyalen und besonders hilfreichen zupackenden Wesens. Sie verfügen über viel gesunden Menschenverstand, der Mangel an Fantasie wird durch Praktisches und Geschicklichkeit kompensiert. Der Erdhand-Typus kocht und singt gern. Seine Finanzen sind geordnet, er schafft Rücklagen und schließt gern Versicherungen ab.

*Dem **Erdelement** sind die irdischen Bedürfnisse und das Streben nach Sicherheit zugeordnet.*

Menschen mit Erdhänden lieben feste Abläufe und Routinen, zeigen Ausdauer, mögen allerdings keine Experimente. Neuerungen stehen sie skeptisch gegenüber, sie halten an dem fest, was sich bewährt hat. Festanstellung ist ein Muss, da Sicherheit an erster Stelle steht. Gesicherte Arbeitsbedingungen verstehen sich von selbst, ein Wackeljob ist ausgeschlossen. Routine kommt ihnen entgegen, Gleichbleibendes wird geliebt und geschätzt. Auch Freizeit und Urlaub werden gern in der immer gleichen Umgebung verlebt. Vor Überraschungen ist man definitiv gefeit, denn das Verhalten von Erdhand-Besitzern ist zuverlässig und stets gleich. Gesellig werden sie in der gewohnten Umgebung, woanders fremdeln sie schnell. Ihr Verhalten kann manchmal zwanghaft und unnachgiebig wirken und die Ansichten engstirnig sein. Doch für die Umwelt liegt die Chance in der Akzeptanz dieses zupackenden Wesens. Können diese Hände Materie bewegen und formen, fühlt sich der ganze Mensch wohl und am richtigen Platz.

**Erdhändler Lernaufgabe** Stress und Übergewicht vermeiden. Wichtig sind gesicherte Lebensverhältnisse und wenig Verunsicherungen. Sie können schlecht allein sein. Sorgen sie sich zu sehr, kann es zu Verdauungsproblemen und Magen-Darmkrankheiten kommen.

**Im Alter** ist frische Luft ein Segen. Ein Hobby mit viel Bewegung in der Natur schafft den wichtigen Ausgleich zum fehlenden „Machen und Tun".

# HANDFORMEN II *Lufthände*

**Haben Sie quadratische Hände mit langen Fingern?**

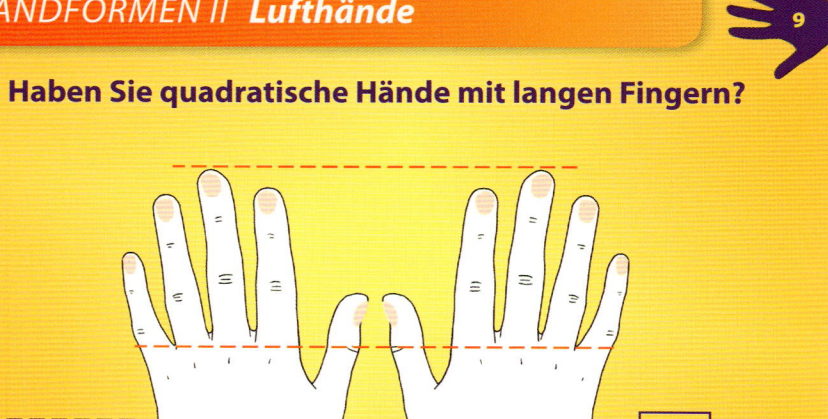

## Alle Bälle in der Luft

Lufthände haben die quadratischen Handflächen der Erdhand und die langen Finger der Wasserhand. Diese Luftmaler unterstreichen gern die Gedanken mit Gesten. Lufthand-Menschen sind tolle Kommunikatoren, bei ihnen verbinden sich Gedankenwelten und Inspiration. Konzepte und Strategien sind ihre Stärken. Sie vermitteln, verbinden und gestikulieren, leider fehlt manchmal die Verbindlichkeit. Oft bleibt vor lauter Logik und Erörterung das Umsetzen auf der Strecke. Eigene Fehler werden gern retuschiert, auch da entwickeln sie gedankliches Geschick.

Diese lebhaften Persönlichkeiten brauchen ständig intellektuelle Anregung und Abwechslung, sie langweilen sich schnell und werden dann rastlos. Routine ist ihnen – im Gegensatz zu den Erdhand-Menschen – ein rotes Tuch, so reisen sie gern, besonders in fremde Länder und Kulturen. Da gibt es reichlich Input, der fasziniert und gedankliche Bewegung schafft. Sie neigen manchmal zur Untreue, schließlich bedeutet das frischen Wind.

*Das **Luftelement** steht für Denken und Wahrnehmung, es zirkuliert, ist flexibel und vielseitig.*

Erdung ist wichtig bei den Lufthändlern, sonst bleiben Pläne Luftschlösser. Ab und zu müssen Taten folgen und Verbindlichkeiten erfüllt werden. Das kann auch im Umgang mit Computern und in virtuellen Welten stattfinden. Dieser Bereich macht ihnen Spaß, und manchmal „machen" sie mit ihrem Geschick bei Geldanlagen ihr Vermögen auch direkt am PC. Sie arbeiten vielfach gewinnbringend in Medien oder Politik. Handel und Verkauf, speziell die Reisebranche, sind ebenfalls vertreten.

Stress ist für die archetypisch männlichen Lufthände kein Problem. Falls jedoch nervliche Anspannungen nicht in Energie umgesetzt werden, können sie relativ schnell zu Atemwegserkrankungen führen. Die enorme Aktivität äußert sich recht bald in Erschöpfungszuständen. Die Hand ist das entsprechende Sinnbild dafür: Die kurze Basis (Handteller) mit den langen Antennen (Fingern) bringt nicht viel Stabilität, dafür jede Menge Bewegung. Entspannung und Regeneration sind unverzichtbar. Diese hochfliegenden Träumer müssen im Lauf des Lebens Tiefe und Erdung erreichen.

**Knoten in den Lufthänden** deuten besonders in den Fingern auf die Verlangsamung der Gedanken hin, die förmlich „hängenbleiben" oder in Schleifen stagnieren. Von einer Philosophenhand spricht man, wenn die Knoten in der Mitte der Finger sitzen.

**Im Alter** fehlen oft Anregungen und Gespräche. Wichtig ist, sich das Leben so zu organisieren, dass es genug Menschen zum Austausch und genug Themen und Abwechslung zum Denken und Reden gibt.

# HANDFORMEN III *Feuerhände*

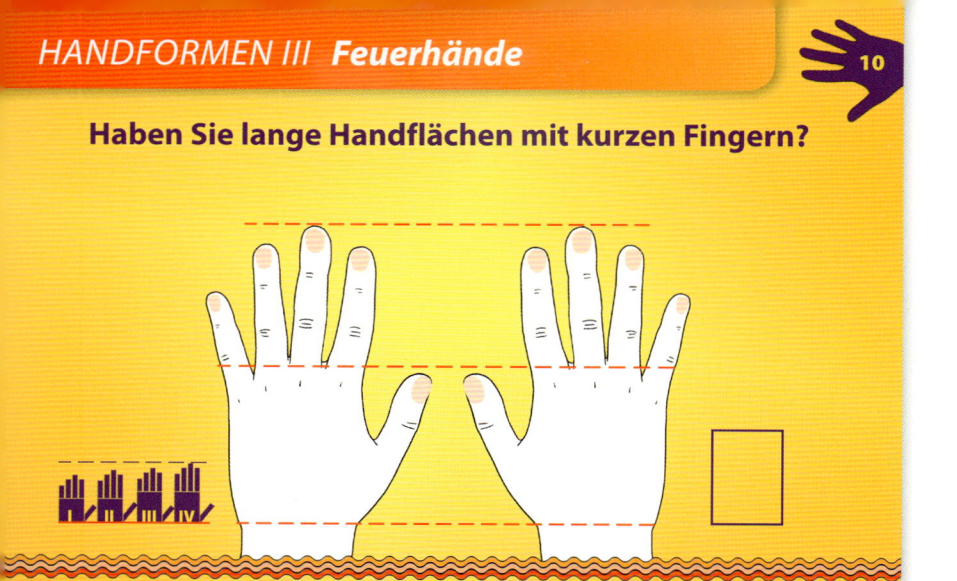

**Haben Sie lange Handflächen mit kurzen Fingern?**

## *Stillstand ist Rückschritt*

Rechteckiger Handteller, kurze unruhige Finger – das ist die Feuerhand. Menschen mit Feuerhänden packen begeistert zu, sie organisieren gern und manipulieren auch manchmal gern. Die aktiven archetypisch männlichen Feuerhände gehören zu vitalen dynamischen Menschen mit Führungspersönlichkeit und Führungsanspruch. Von anderen lassen sie sich demzufolge nicht gern sagen, was zu tun ist. Das Verhalten ist lebhaft, zielgerichtet und das Motto lautet: Angriff ist die beste Verteidigung.

Menschen mit Feuerhänden haben große Freude daran, etwas zu verändern. Entwicklung und Optimierung ist ihr Ding. Sie bringen mit wahrem Feuereifer die Dinge auf verschiedenen Ebenen in Schwung. Ein Leben ohne Herausforderungen ist für sie undenkbar. Sie lieben Reisen, am liebsten in (ihnen) unbekannte Regionen; für ein Abenteuer sind sie jederzeit zu haben. Hauptsache Action und spannende Momente. Sie sind charismatische Anführer mit absolut positiver Einstellung zum Leben. Da sie gern mit Menschen zusammen sind, findet man den Feuerhände-Typus oft in Vereinen oder

Gruppen. Da stehen sie dann bei Geselligkeiten im Mittelpunkt und trumpfen auch schon mal mit einer kleinen Showeinlage auf. Bei solchen Gelegenheiten können sie schnell entflammen und ihr Herz turboschnell verschenken – natürlich mit der ihnen eigenen Leidenschaft. Die Balance von Ruhe und Aktivität wäre oft die beste Lösung für Feuerhand-Menschen.

> Das **Feuerelement** steht für dynamische Aktionen, aktives Tun und große Begeisterung.

Im Beruf sind sie gute Organisatoren und Chefs oder Leiter. Stress kann ihnen wenig anhaben. Bei Geldangelegenheiten spielen diese Persönlichkeiten gern mit dem Feuer und riskieren dabei viel. Sie spekulieren und ziehen letztlich das Glück dabei an. Das ist ihrer guten Intuition zuzuschreiben, die C.G. Jung dem Feuerelement zugeordnet hat. Die starke Energie wird im Eifer des Gefechts auch in Strohfeuer gesteckt und bringt Niederlagen.

**Gefäßkrankheiten können auftreten,** wenn die Feuerhände-Menschen weder beruflich noch in Liebesdingen heiße „Projekte" haben. Erhöhte Unfallgefahr droht durch die einzigartige Dynamik, die auch in Hast und Hektik münden kann. Es muss immer wieder gebremst und gezügelt werden, sonst drohen Zusammenbrüche.

**Im Alter** sind Burn-out oder Bore-out die Gefahr! Nicht zu viele Feuer am Laufen zu halten ist wichtig. Mehr für sich selbst brennen, das fördert ein ruhigeres Alter.

# HANDFORMEN IV  *Wasserhände*

## Haben Sie längliche Handflächen mit langen Fingern?

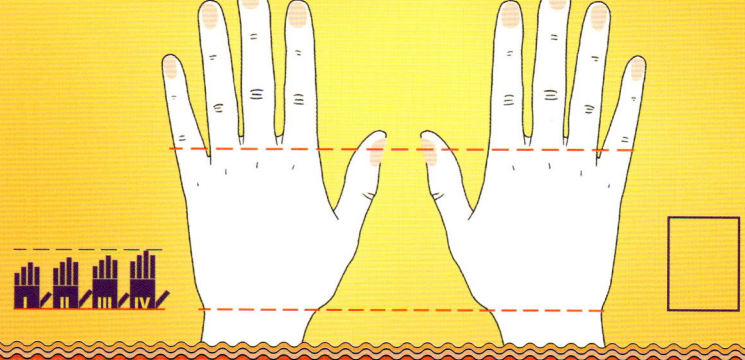

## *Ganz im Fluss des Lebens*

Die Wasserhand zeichnet sich durch einen länglichen und schmalen Handteller und lange dünne Finger aus. Diese fragile Handform wird dem archetypisch weiblichen Element zugeordnet. Wasserhand-Menschen sind gefühlvoll und sensibel, fürsorglich und anpassungsbereit. Sie hören auf ihr Bauchgefühl und werden nicht so gern konkret. Es kann Erfüllung schenken, sich anderen zuzuwenden. Doch durch mangelnde Abgrenzung sind sie leicht ausnutzbar. Sie sollten achtsam sein und sich nicht aufgrund ihrer leichten Beeindruckbarkeit zu Opfern machen lassen. Typisch ist, dass sie lieber ihr Herz als das Bankkonto füllen.

Bildende Künstler, Dichter oder Musiker haben oft Wasserhände. Auch Visionäre und Träumer, wobei letztere in Gefahr sind, sich zu verlieren. Wasserhand-Menschen sind leicht verletzbar und keineswegs stressresistent. In ruhiger und überschaubarer Umgebung fühlen sie sich besser aufgehoben als im Dauerstress und Multitasking. Diese Menschen wollen dem Fluss des Lebens folgen und ihn sanft modellieren. Sie schaffen dabei Bleibendes wie die Handwerker des Erdelements, allerdings am liebsten auf der Seelen- und Gefühlsebene.

> Dem **Wasserelement** entsprechen Gefühle und Ängste, es passt sich an, nimmt auf.

Menschen mit Wasserhänden sind in Pflegeberufen und im therapeutischen Bereich in ihrem Element. Doch auch als Designer und Schriftsteller machen sie ihren Weg. An materiellen Welten sind sie nicht sonderlich interessiert, Wettbewerb und Leistungsdruck lehnen sie ab. Da sie kaum Profitinteressen haben und wenig geschäftstüchtig sind, bereichern sie eher andere als sich selbst. Gut verdienen können sie dennoch dank ihrer Kreativität. Manchmal kommt es zu Reichtum, ohne dass sie danach bewusst gestrebt hätten.

**Das Nervensystem ist oft so zart** wie diese Hände und macht Wasserhand-Menschen anfällig für seelische Störungen. Die hohe Sensibilität, Sensitivität und Überempfindlichkeit drücken sich körperlich manchmal in Allergien aus. Nicht erfüllte Energie kann gegen sich selbst gerichtet werden und unter Umständen in Autoaggressionskrankheiten wie Rheuma umschlagen.

**Lebensabend und Alter** Wasserhand-Menschen haben – verglichen mit den anderen Elemente-Typen – am wenigsten Probleme mit dem Alter und halten sich locker und entspannt über Wasser. Befreit vom Alltagstrott genießen sie Musik und Kunst und erfreuen sich an der Schöpfung und ihren eigenen Talenten. Kontemplation und Meditation können oft erst jetzt richtig beginnen.

# HANDFORMEN V *Beziehung*

## Wem reichen Sie die Hand?

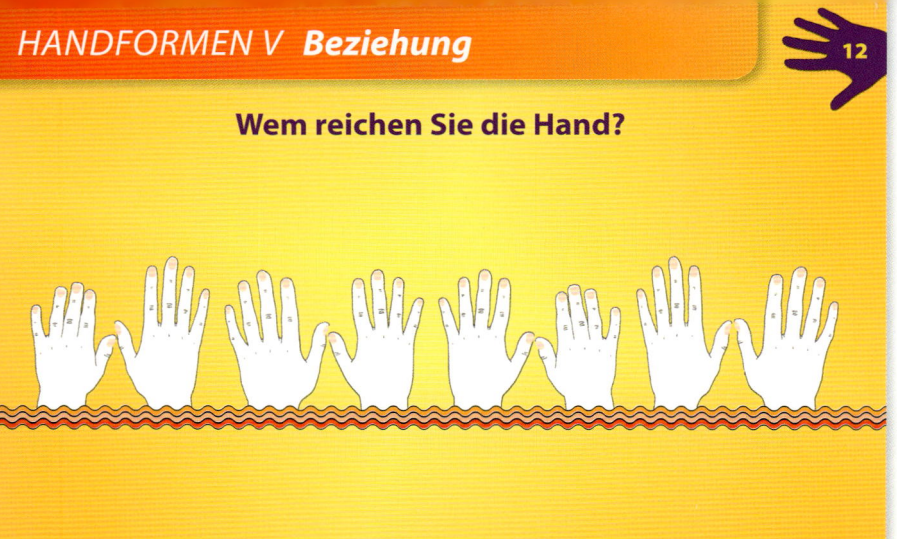

## *Was Handpaare über Partnerschaft verraten*

Handformen und Element zeigen sehr deutlich, wer sich da in Partnerschaften berührt, den Bund der Ehe schließt oder gegenseitig nervt. Es lässt sich durchaus erkennen, wie und ob man zusammenpasst, z. B. in Ihrer Herkunftsfamilie oder Ihrer eigenen Familie. Außerdem ist es immer günstig zu wissen, wer einem geschäftlich die Hand reicht: Freund oder Gegenspieler.

**Hinweis** Im folgenden Text steht Ihre Hand immer an erster, die des Gegenübers an zweiter Stelle.

*Wasserhand und Erdhand* Mit dieser Kombination treffen sehr unterschiedliche Partner aufeinander. Gefühl trifft Gegenständliches und Reales. Wasser wird Erde schnell als unsensibel empfinden. Erde wiederum kann Wasser helfen, Träume in die Tat umzusetzen.

*HANDFORMEN*

***Feuerhand und Erdhand*** Feuer kann im Kontakt mit Erde ausgeglichener und ruhiger werden. Beide können Kreativität im Team entwickeln und umsetzen. Voraussetzung dafür ist, dass Feuer seine Ungeduld bändigt und sich erden lässt.

***Lufthand und Erdhand*** Die kommunikative und redegewandte Luft findet es mit Erde schlicht öde. Erde wiederum braucht Stabilität und Routine und nicht nur viele Worte. Erde kann beweglicher und flexibler werden gemeinsam mit Luft, Luft kann mit Erde lernen, Wurzeln zu schlagen.

***Erdhand und Erdhand*** Erde und Erde, das geht gut, die beiden verstehen sich bestens. Arbeiten produktiv zusammen und auch im Alltag passt es. Eine klassische, dauerhafte Beziehung, in der sich beide wohlfühlen und ihre eigene Welt schaffen.

***Wasserhand und Lufthand*** Luft kann Weltgewandtheit signalisieren und Wasser lehren, sich zu zeigen. Es besteht die Gefahr, dass Luft zu stürmisch agiert und Wasser flüchtet oder abtaucht. Die Mischung ist schöpferisch und kann zu einer Liebe „Nicht von dieser Welt" führen.

***Feuerhand und Lufthand*** Das ergibt eine gute Partnerschaft, wenn beide Partner offen für Kompromisse sind. Feuer muss Luft Freiheit zugestehen und Luft muss lernen, sich mit Feuer zu verbinden. Dann sind überraschende Verbindungen möglich!

***Lufthand und Lufthand*** Luft trifft Luft, das ergibt lockeren Ausdruck und Kreativität. Die Partnerschaft durchweht frischer Wind, sie ist demzufolge etwas kühl. Eventuell mangelnde

Dynamik liegt an der ähnlichen Energie. Beide möchten frei sein, Eifersucht spielt kaum eine Rolle.

**Erdhand und Lufthand** Zwei völlig unterschiedliche Lebensentwürfe und Philosophien treffen hier aufeinander. Das wird schwierig. Erde wird Luft als oberflächlich empfinden, Luft die Erde als viel zu schwerfällig und langatmig.

**Wasserhand und Feuerhand** Bei Wasser und Feuer ist viel (heißes) Gefühl vorhanden. Genuss und Zuwendung ist in dieser Beziehung wichtig. Wasser kann von der Großzügigkeit des Feuers lernen, Feuer wiederum von der Feinfühligkeit des Wassers.

**Feuerhand und Feuerhand** Feuer und Feuer ergibt größte Leidenschaft mit allen nur denk- und fühlbaren Höhen und Tiefen. Es gibt jederzeit viel Dynamik und Lebendigkeit. Zärtlichkeit ist für diese Beziehungen von größter Wichtigkeit.

**Lufthand und Feuerhand** Luft und Feuer ergibt bewegte und spannende Beziehungen. „Da brennt die Luft." Leben in vollen Zügen, Geselligkeit wird hoch geschätzt und ist unverzichtbar. Problemfelder: Feuer eifersüchtelt mit Luft!

**Erdhand und Feuerhand** Erde und Feuer ergeben Verbindungen mit großem Potenzial. Erde begeistert sich für die schier endlose Dynamik des Feuers, die manchmal dennoch verwirrend ist. Feuer empfindet Erde manchmal als zu träge und konservativ.

***Wasserhand und Wasserhand*** Begegnung von zwei tiefgründigen Seelen, oft mit gemeinsamen Ideen und Plänen. Projekte voller künstlerischem Idealismus werden angepackt, die aus dem ganz eigenen Kosmos stammen und für Außenstehende schwer nachvollziehbar sind.

***Feuerhand und Wasserhand*** Feuer und Wasser kann heiße Verbindungen ergeben, wenn Feuer die Führung übernehmen darf und sein unglaublicher Elan nicht vom Wasser gelöscht wird. Das Gefühlvolle des Wassers braucht die Stärke des Feuers.

***Lufthand und Wasserhand*** Luft und Wasser können sehr kreative Verbindungen eingehen. Luft lernt und profitiert viel vom Wasser, Wasser sollte Luft nicht mit Besitzansprüchen nerven und mit Eifersucht abschrecken und blockieren.

***Erdhand und Wasserhand*** Erde und Wasser sind eine schwierige Kombination und Ausgangslage. Sie können sich gegenseitig runterziehen, das ist die Gefahr. Die wechselhafte Art des Wassers stört die Erde. Ist Erde flexibel, kann Wasser die Partnerschaft in Schwung bringen.

*Händchenhalten* Bei 88% aller Pärchen, die sich selbst als romantisch bezeichnen, liegt die Hand des Mannes oben. Die **Eigensinnigen** haken die kleinen Finger ineinander. Die **Unzertrennlichen** verzahnen die Hände ineinander. Die **Festhalter** legen immer wieder beide Hände übereinander.

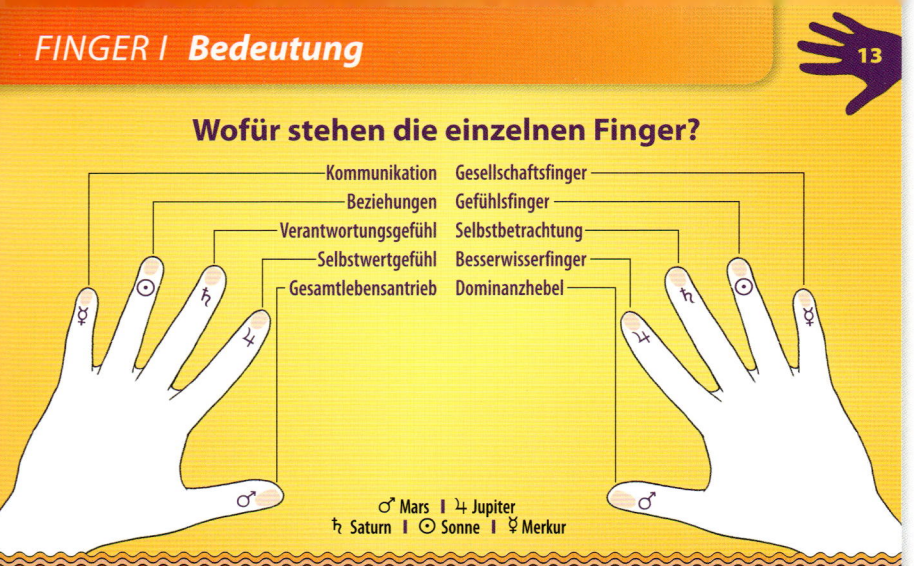

## Die Klaviatur des Lebens

**Daumen** Der Daumen ist der wichtigste der fünf Finger in unserer Hand. Er ist unverzichtbar als Anführer und Gegenüber der übrigen Finger. Nur durch ihn kann die Hand zugreifen und festhalten. Das Wort „Daumen" stammt aus dem westgermanischen Wort „thuman" und bedeutet „besonders starker Finger". Der Daumen ist der Dirigent, der Boss, **der CEO der Hand**. Er gibt Auskunft über die Durchsetzungskraft in der Welt. Das Potenzial: Vitalität, Willenskraft, Entschlossenheit, Tatkraft, Widerstandskraft und Unabhängigkeit.

**Zeigefinger** Dieser Finger wird auch Jupiterfinger genannt. **Jupiter** ist der Himmelsvater, Blitz und Donner gehorchten ihm. Er steht für Macht und Ehrgeiz, Führungseigenschaften und Selbstvertrauen. Mit einem starken Jupiterfinger ist man wegweisend. Prozesse werden in Bewegung gesetzt, Menschen und Musik dirigiert. Im negativen Sinn kann er sich in rechthaberischem und dominierendem Verhalten äußern.

> **Jupiter**  Werte, Ideale, Wachstum, Erfolg
> **Saturn**  Grenze, Struktur, Tradition, Pflicht
> **Apollon/Sonne**  Zentrum, Licht, Bewusstsein, Wille
> **Merkur**  Verstand, Scharfsinn, Orientierung

*Der Mittelfinger*  Dieser Finger wird **Saturn** zugeordnet. Die Eigenschaften: Sicherheit, Disziplin, Pflichtbewusstsein, Selbstwertgefühl, Geld und Geschäfte, Struktur und Ordnung. Dieser Finger ist wie ein traditioneller Lehrer, er hält Regeln hoch und macht Schuldgefühle. Menschen mit starkem Mittelfinger wollen Sicherheit. Ein zu viel an Saturnenergie führt zu übertriebenem Verantwortungsbewusstsein. Ein zu kleiner Mittelfinger deutet auf Verantwortungslosigkeit und Rebellion hin.

*Der Ringfinger* ist **Apollon** und damit dem Sonnenprinzip zugeordnet und er will unbedingt im Mittelpunkt stehen. Und doch kämpft er in Bezug auf seine Länge um die Position Zwei in der Hand. Sein Name weist auf den Gott des Lichts und der Künste hin, auf Heilkunst und das Bogenschießen. Diesem Finger werden Beziehung (und die Ehe) zugeordnet, soziale Fähigkeiten und auch kreatives Potenzial. Unter allen Fingern fällt er durch geringe Eigenständigkeit und Beweglichkeit auf. Er ist ein Teamworker mit dem Mittelfinger, das entspricht Saturn/Jupiter und verheißt Beziehungsernst.

*Der Kleine Finger* wird **Merkur** zugeordnet. Er steht für Kommunikation, Geschäftssinn, Eloquenz, Klugheit und Strategie. Mit diesem Prinzip lassen sich viele Türen öffnen und Zugänge verschaffen. Der Mythos erklärt es gut: Merkur ist als Seelenführer sehr beweglich und damit beschäftigt, den Menschen ganz konkret den Weg zu zeigen.

# FINGER II  *Wurzeln*

**Bilden Ihre Fingerwurzeln einen Bogen?**

## Runde Persönlichkeit oder mangelnde Entwicklung?

**Der Bogen**  Die Fingerwurzeln, also die Ansätze von kleinem Finger, Ring-, Mittel- und Zeigefinger, bilden im Idealfall einen gleichmäßigen Bogen **(1)**. Der deutet eine runde, ausgewogene Persönlichkeit an, die ihr Leben im Griff und den sprichwörtlichen Bogen raus hat. Eine Gerade **(2)** statt eines Bogens steht für außergewöhnliches Selbstvertrauen und damit auch ungewöhnlich großen Erfolg.

Ein deutlich niedriger Fingeransatz **(3)** zeigt, dass dieser Bereich zurückgenommen und die Person im Leben zurückgestellt und von großer Bedürftigkeit geprägt ist. Das kann nur beim Zeigefinger und dem kleinen Finger vorkommen.

**Niedriger Fingeransatz Zeigefinger**  Ist mit dem Zeigefinger das Jupiterprinzip zurückgestellt, zeigt sich ein Mangel an Vertrauen in das eigene Wachstum. Die persönlichen Entwicklungsmöglichkeiten werden nicht gesehen. Die ganze positive jupiterale Haltung und das Selbstvertrauen gibt es nicht. Diese Menschen bekommen oft wenig Respekt für sich und das, was sie leisten. Das wiederum fordert Wut und Ärger heraus.

***Tiefer Ansatz des kleinen Fingers*** Er drückt einen Mangel an Kommunikationsbereitschaft und Verbundenheit aus. Merkur regiert diesen Finger, der geflügelte Götterbote aus der Mythologie war ein Kommunikationsgott, der auch Schattenseiten hatte. Kommunikationsdefizite münden direkt in Minderwertigkeitsgefühle. Sind der kleine Finger (Merkur) und der Zeigefinger (Jupiter) beide zurückgestellt, ist die Achse von Wissen und Weisheit ausgebremst. Das zeigt einen Mangel an Einsicht und Perspektive.

- **Bei Frauen** deutet ein tiefer Ansatz des kleinen Fingers vielfach an, dass sie mit einem emotional abwesenden Vater aufgewachsen sind. Oft wiederholen sie dieses Defizit unbewusst, indem sie sich einen emotional abwesenden Partner wählen.
- **Bei Männern** werden auf diese Weise oft „Muttersöhnchen" deutlich, die in der permanenten Mission, ihre Mutter glücklich zu machen, schlicht vergessen, was sie selbst brauchen. In Beziehungen haben sie vielfach Schwierigkeiten, überhaupt zu spüren, was sie sich von Herzen wünschen.

| Deutung der Muttermale und Verletzungen | | | |
|---|---|---|---|
| | **Fingerwurzelglied Körperbereich** | **Mittelknöchelbereich – Verstand** | **Fingerspitze Seelenanteil** |
| Daumen | Körperliche Macht | Verstandeskraft | Seelische Macht |
| Zeigefinger | Genüsse des Essens | Großzügigkeit | Glaubensgefühle |
| Mittelfinger | Enthaltsamkeit | Gedankliche Ordnung | Seelische Verpflichtungen |
| Ringfinger | Körperliche Treue | Treue (sich u. anderen gegenüber) | Seelische Eigentreue |
| Kleiner Finger | Nonverbal | Verbal | Versprechungen |

## FINGER III  *Fingerberge*

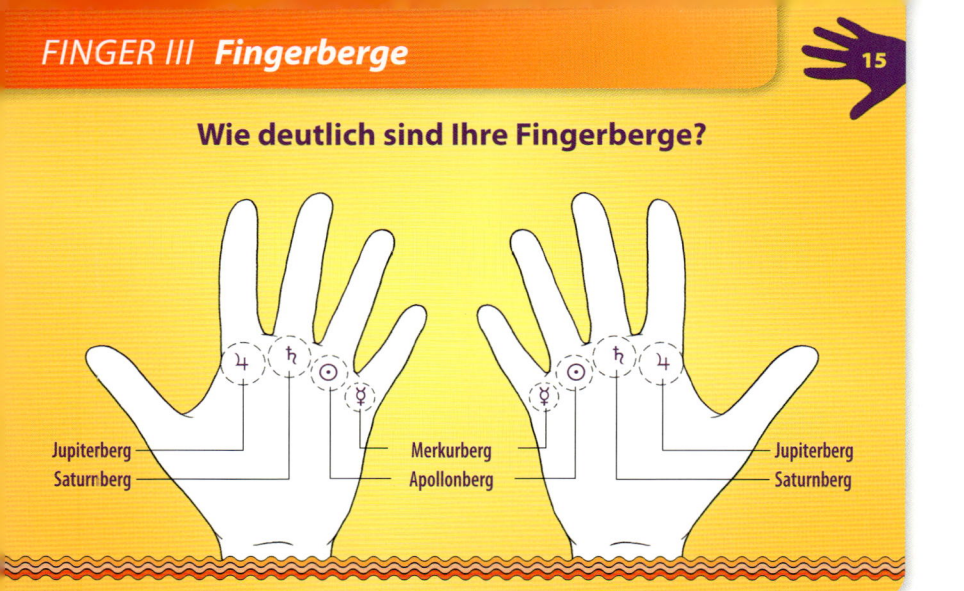

### Wie deutlich sind Ihre Fingerberge?

Jupiterberg
Saturnberg
Merkurberg
Apollonberg
Jupiterberg
Saturnberg

### *Landkarte der Talente und Gaben*

Die vier Fingerberge liegen an den Wurzeln der Finger, die Daumenberge sind gesondert zu sehen (Karte 16). Bei leicht gebeugter Hand erkennt man die Berge am besten.

**Der Berg des kleinen Fingers** Die geistige Kraft und das weite Feld der Kommunikation werden in diesem Berg sichtbar. Er ist wie der zugehörige Finger dem Merkurprinzip zugeordnet, steht also für Kontakte, Vermittlung und Vernetzung. Ein starker Merkurberg zeigt eine offene, dem Leben zugewandte Persönlichkeit. Oft sind Warmherzigkeit und Einfühlsamkeit spürbar. Es wird ehrlich kommuniziert, auch im Bereich der Sinnlichkeit. Ist der Berg übergroß, wird unentwegt geredet und oft gibt es ein übersteigertes Interesse an Sex. Der zu kleine Berg steht für mangelnde Kommunikation und für Beziehungen, die zu kurz kommen.

**Der Berg des Ringfingers** Dieser Fingerberg hat Bezug zu Kreativität und Selbstausdruck. Die Liebe zur Kunst ist deutlich, sie entspricht der eigenen Anlage, künstlerisch und originell Ausdruck zu suchen. Eine große Emotionalität und die gelebte Dynamik des Lebens sprechen für eine strahlende und anziehende Persönlichkeit. Bei deutlichem Berg hat dieses sprichwörtlich sonnige Gemüt oft eine Aufmachung, die individuell ist und sich von der Masse abhebt. Die Überentwicklung des Fingerberges zeigt sich durch Überheblichkeit und Selbstüberschätzung. Die Unterentwicklung zeigt ein Defizit an Individualität.

*Der Berg des Mittelfingers* Diese Erhebung wird, wie der Finger selbst auch, dem Saturn zugeordnet. Der Berg steht für Verantwortungsgefühl, Selbstwert, Sicherheit und Grenzziehung. Ist er ausgeprägt, werden Disziplin, Strukturen und Eigenverantwortung gelebt. Konsequenz und Stringenz kommen hinzu. Die betreffende Person ist besonnen und bringt die Dinge konsequent zu Ende. Eine Überentwicklung weist auf übertriebene Sparsamkeit hin, auf eine verhärtete Person mit zynischer Tendenz. Eremitentum ist ebenso möglich. Ein unterentwickelter Mittelfingerberg steht für einen Mangel an praktischem Lebensbezug.

*Der Berg des Zeigefingers* In diesem Fingerberg manifestieren sich persönliche Kraft, natürliche Autorität und Großzügigkeit. Als Berg des Jupiters sind Toleranz, Selbstsicherheit und das Talent zum Gelingen der Prozesse angelegt. Führungsstärke und ein hohes Energielevel werden spürbar. Ist der Berg besonders groß, verrät er extrem hohe Ansprüche bis hin zu Größenwahn, und eine dominante, autoritäre Art. Ist der Fingerberg blass, schlaff oder nicht sichtbar, zeigt das den Mangel an den positiven Eigenschaften des Jupiterprinzips und steht eher für Kleinkariertheit.

## FINGER IV  Untere Berge

### Erkennen Sie die Berge in Ihrer Hand?

Venusberg

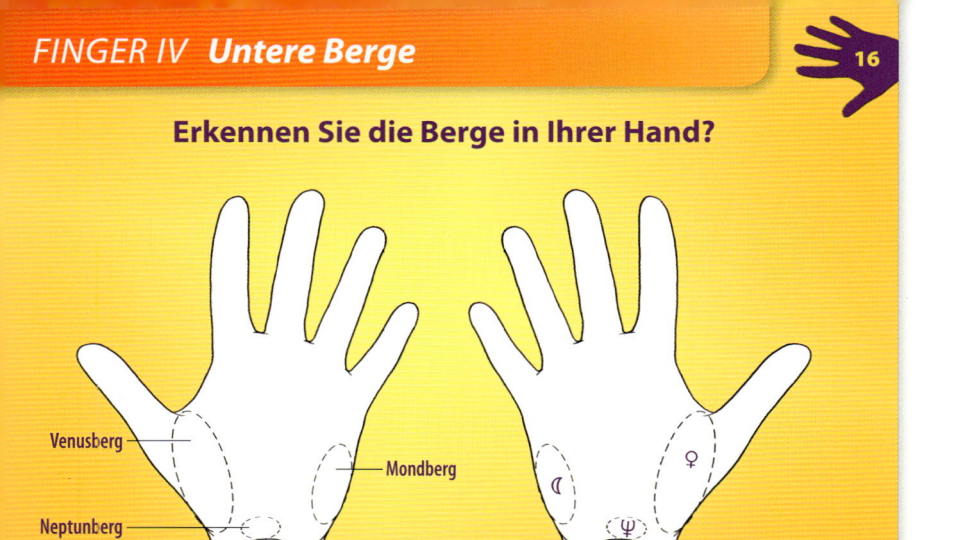

Mondberg

Neptunberg

## *Weibliche Kraft ist die Basis*

Jede Handinnenseite ist eine ganz individuelle Landkarte mit Bergen, Talebenen und Flüssen, die sich im Laufe des Lebens verändern kann. Hier geht es um Urprinzipien, die sich in der Handbasis finden. Es sind weibliche Berge: Der Venusberg an der Daumenbasis, der Mondberg am Handrand und der Berg des Neptuns dazwischen. Diese Wasserberge stehen feurigen Bergen direkt gegenüber, die Fingerberge (Karte 15) und Finger drücken die männlich-feurigen Aspekte aus.

**Der Venusberg** ist der Indikator für Lebensfreude und Liebesfähigkeit. Größe und Spannkraft sagen etwas über Sinnlichkeit und Libido aus. Auch Schönheitssinn und Gesundheit gehören zum Spektrum; die schönen Dinge des Lebens bedeuten viel. Eine harmonisch gerundete Form deutet auf ein ausgewogenes Gemüt und liebevolles Wesen hin. Ist der Venushügel leer, sind Lebenskraft und Lebenslust auf niedrigem Level. Der **Venusberg birgt den Muskel des Daumens** und damit wird deutlich, wie wichtig ein reifes

Venusprinzip für das marsische Wirken in der Welt ist. Mars zeigt sich im Daumen, Venus beherbergt seine Wurzeln.

> **Venus**  Liebe, Erotik, Geschmack, Kunst
> **Mond**  Gemüt, Seele, Heimat, Mutter, Instinkt
> **Neptun**  Mystik, Fantasie, Sehnsucht, Medialität
> **Venus/Mars**  Partnerschaft, Berührung, Teamarbeit

**Der Mondberg** Dieser Berg liegt im Handteller dem Venusberg gegenüber – das Mondprinzip bildet den Gegenpol zum Venusprinzip. Der Mond umfasst das Unbewusste, steht für Mütterlichkeit und das Rhythmusgefühl (auch das Kommen und Gehen der Gezeiten), Empfindsamkeit, Intuition und Fantasie. Kreative Kräfte zeigen sich hier. Reicht der Hügel bis zum Handgelenk, kann er übersinnliche Kräfte oder die innige Nähe zur Natur ausdrücken. Ist er besonders groß und stark, können sich Launen zeigen. Ist der Berg recht klein, verrät er den Mangel an Vorstellungskraft und Sensibilität des Handeigners.

**Der Neptunberg** Zwischen Mond- und Venusberg steht der Berg des Neptuns, besser gesagt das Tal des Neptuns. Bei den meisten Menschen ist es eine Ebene und keine Erhöhung. Das Prinzip des Hintergründigen ist heute oft ein Nebenthema. Neptun schafft Verbindung zum Transzendenten. Ein deutlicher Berg kann Charisma und Magie anzeigen, dazu ein gutes Gespür für die feinstoffliche Ebene und ihre Informationen. Ein tiefes Tal verweist auf Menschen, die wenig mit dem Jenseits der Existenz verbunden sind.

**Wissen** In der Handinnenfläche sitzen 17 000 Fühlkörperchen, um Druck-, Bewegungs- und Vibrationsreize aufzunehmen.

## FINGER V  *Marsberge*

### Wie stark sind Ihre Marsberge?

## Tatkraft und Mut

In der mittleren Ebene des Handtellers liegt der kleine Marsberg an der Daumenseite zwischen Zeigefingerberg und Venusberg. Daneben befinden sich am tiefsten Punkt des Handtellers die Marsebene und der große Marsberg zwischen dem Berg des kleinen Fingers und dem Mondberg.

*Der kleine Marsberg (1)* Direkt unterhalb des Jupiterberges gelegen, verdeutlicht dieser Berg typische Marsaspekte wie das Selbst, Selbsterhaltungstrieb, Energie, Kampfgeist und Mut. Der aktive Daumen profitiert hier von der persönlichen Kraft des Jupiters. Ein gut entwickelter Marsberg zeigt die Fähigkeit, sich im Leben kraftvoll zu behaupten und die Herausforderungen des Lebens anzunehmen. Besonders stark entwickelt, kann es zur Selbstüberschätzung kommen. Es können sich Aggression und Brutalität zeigen. Ein flacher, unterentwickelter Berg macht Konfrontationsscheu offensichtlich. Dazu kommen Energiemangel und manchmal auch Ängste vor Auseinandersetzungen.

***Die mittlere Marsebene (2)*** Mitten in der Hand, dort wo die Handlinien das große M zeigen, werden Leidenschaften und Emotionalität deutlich. Ein ausgeprägtes Tal mit Spannkraft verweist auf ein reiches Gefühlsleben. Ist der Bereich eher überentwickelt und auffallend aufragend, spricht er für ein aufbrausendes Wesen voller Eifersucht und Jähzorn. Die unterentwickelte Ebene im Sinne einer Senke ohne Spannkraft verrät einen Mangel an Ausstrahlung und Dynamik.

***Der große Marsberg (3)*** zwischen Kleinfinger- und Mondberg (= Aktion mit Kommunikation und tiefem Gefühl) zeigt die persönliche Leistungsfähigkeit und Integrität. Der ausgeprägte Berg spricht für die Fähigkeit, zu sich und anderen zu stehen und den Lebenskampf überzeugend und entschieden anzugehen. Ist der Berg überentwickelt, ist das ein Hinweis auf eine Person, die Leistung und Gewinn über alles stellt. Es können auch riskante Kämpfe um des Kampfes willen geführt werden (Mond und Mars stehen für eine kämpferische Anlage, mit Merkur auch für heftigen Streit) oder missionarisch bis fanatisch agiert werden. Unterentwicklung in dieser Zone zeigt einen Mangel an Integrität an und verrät den Opportunisten, der Auseinandersetzung scheut.

> ### Farbe der Hände
> **Normal**  positive Lebenseinstellung, kontrollierte Emotionen
> **Weiß**  Apathie, schwache Ausdauer, kein Selbstvertrauen
> **Gelb**  Bitterkeit, Frustration, Wut und evtl. Neid, steht nicht zu sich selbst
> **Rot**  Fluss gehemmt, Ausscheidung blockiert, uneinsichtig, jähzornig, aggressiv
> **Blau-lila**  zugeknöpfte Menschen, in sich zu eng – auch sauerstoffmäßig

## FINGER VI  *Daumenansatz*  18

### Wie hoch ist Ihr Daumenansatz?

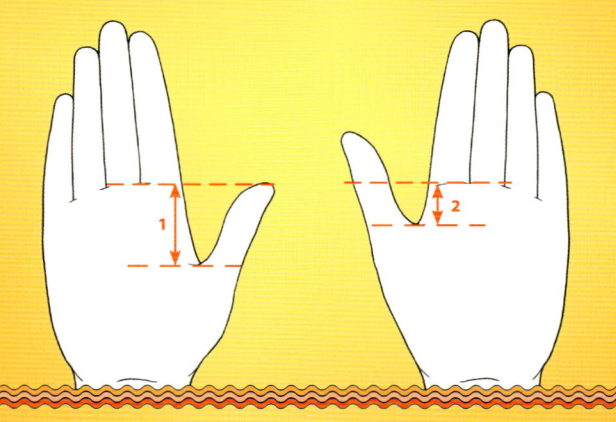

## *Der Hebel zum Erfolg*

Der Daumen symbolisiert das Selbst und ist in der Handanalyse ein wesentlicher Punkt. Neben seiner Form geben auch sein Ansatz, seine Beweglichkeit und die Berge (Karte 17) Aufschluss über Tatkraft und Erfolge.

*Die Höhe des Daumenansatzes* zeigt die angeborene und nicht erst erworbene Fähigkeit, Pläne und Projekte durchzuziehen und auch erfolgreich abzuschließen. Konkrete und greifbare Resultate zu erzielen, ist ein entscheidendes Thema. Der dem Marsprinzip (Energie, Tatkraft, Mut, Wettstreit) zugeordnete Daumen ist für unser Zugreifen das entscheidende Element der Hand. Erst durch das Daumengrundgelenk bekamen die Menschen die Möglichkeit, Gegenstände richtig zu greifen und auch festzuhalten. Diese Entwicklung ist erst 8 Millionen Jahre her, also ist das Daumengelenk relativ „jung".

*Tiefer Daumenansatz (1)*  Je tiefer er liegt, desto mehr Oppositionskraft hat der Daumen und desto eher erzielt sein Besitzer Ergebnisse. Erfolge fallen ihm förmlich in den Schoß. Besitzer eines tiefer liegenden Daumenansatzes haben mehr Hebelkraft und können offenbar auch im übertragenen Sinn mehr Hebel in Bewegung setzen. Der tiefe Daumenansatz findet sich bei ausgesprochen praktisch veranlagten, geschickten Menschen.

**Hoher Daumenansatz (2)** Je höher der Ansatz des Daumens liegt, desto weniger kann er in Opposition zu den Fingern gehen und desto schwächer werden die Zange und ihre Hebelkraft. Betroffene müssen sich mit harter Arbeit ihre praktischen Erfolge verdienen. Doch bei intellektueller Thematik und geistiger Arbeit sieht das anders aus: Ein hoher Ansatz stellt den Daumen mehr in eine Reihe mit den übrigen Fingern und deutet damit auf Betonung und Hochstellung männlicher Eigenschaften hin, die sich im marsischen Daumen mit seiner Dominanz und Feuerkraft ausdrücken. Damit sind häufig streitbare Intellektuelle ausgerüstet, kreative Denker, die Probleme lieben und sich mit Leidenschaft auf das Herausfinden von Lösungen stürzen. In der Kommunikation haben sie klare Vorteile. Als Problemlöser sind sie hoch geschätzt. Praxis ist jedoch meist nicht ihre Stärke.

**Mittlerer Daumenansatz** Beim mittleren Daumenansatz verbinden sich die beiden Tendenzen. Es handelt sich um die vollkommene Hand. Sie gehört zu Persönlichkeiten, die in allen Lebensbereichen wirken, dort gut zurechtkommen und Erfolge erzielen.

*Handsprache*
*An die Nase fassen* verlegen sein
*An Gegenständen herumspielen* nicht zum Gesagten stehen
*Über den Mund wischen* nicht einverstanden sein
*Hände verknoten* nicht glaubwürdig sein

## FINGER VII  *Daumen*

**Welche Rolle spielt Ihr Daumen in der Hand?**

### *Das Powerpaket*

Der Daumen hat als Gegenpol zu allen anderen Fingern eine besondere Position in der Hand. Das macht uns Menschen einzigartig und die Finger zu wahren Werkzeugen. Die Daumen, beherrscht vom Feuer- und Kraftplaneten **Mars**, zeigen unseren **Willen und** unsere **Entschlusskraft**. Mit ihm kontrollieren wir unser Umfeld und unser Leben. Daumen bringen Resultate; was wir „unter dem Daumen haben", beherrschen wir.

*Der Daumenwinkel* Der Daumen-Zeigefinger-Winkel zeigt den Aktionsradius und Wirkungsbereich. Personen, die ein großes Feld und eine eigene Welt brauchen, haben meist einen großen Winkel. Ein Winkel von 90 Grad zeigt, dass der Betreffende sich gern und ausreichend öffnet und sich auch wieder verschließen kann.

*Kleinere, spitze Winkel* Sie gehören zu introvertierten, zurückhaltenden Menschen, die gehemmt sind und sich nicht trauen, ihre aktiven Kräfte frei einzusetzen. Hier finden wir keine Weltveränderer.

Sie widerstehen den äußeren Reizen und versuchen, sich vor vielen Einflüssen und auch vor Wachstumsaufgaben des Lebens zu schützen. Manchmal wirken sie dadurch eng und schwach. Multitasking-Anforderungen sind ein Alptraum für diese Personen, da sie sich immer nur einer Aufgabe zur selben Zeit widmen, dies allerdings mit starkem Willen und etwas Sturheit.

**Breite Winkel**  Bosse brauchen breite Winkel. Sie sind intellektuell aufgeschlossen und nicht selten schöpferisch begabt. Hier kann sich die Marskraft austoben und bewähren. Werden allerdings nicht genug Entscheidungen getroffen, vergeuden die Menschen ihre Kraft.

**Verschiedene Daumenwinkel an den Händen**  Wenn bei Rechtshändern der linke Daumenwinkel größer ist als der rechte, können die Handeigner hinter ihren Möglichkeiten zurückbleiben. Im umgekehrten Fall besteht die Chance, über sich hinaus zu wachsen. Bei umtrainierten Linkshändern ist es umgekehrt.

**Winkel größer als 90 Grad**  Sie deuten einen Mangel an Konzentration und Selbstbeherrschung an. Es besteht die Gefahr von Energievergeudung. Wer auf 90 Grad und mehr kommt, geht gern nach außen und zeigt sich. Die Frage ist, wie eigene Ziele umgesetzt werden. Mann und Frau leben oft ein ungehemmtes Sexualleben, zum Beispiel als Tantrakünstler und -künstlerinnen.

### *Die Beweglichkeit der Daumen*
- **Steife Daumen** zeigen eine unnachgiebige Haltung gegenüber sich selbst und dem Leben gegenüber. Eiserner Wille und starke Konzentrationsfähigkeit gehören dazu.
- **Flexible Daumen** symbolisieren anpassungsfähige Menschen, die sich dem Rhythmus des Lebens leicht hingeben können.

# FINGER VIII *Zeigefinger*

## Wie nehmen Sie Ihren Zeigefinger wahr?

### *Das Göttliche in uns*

Der dem **Jupiterprinzip** zugeordnete Zeigefinger ist unser zweitwichtigster Finger. Er zeigt den Weg und er symbolisiert, dass gelingen wird, was wir anpacken. **Selbstvertrauen und Stolz** gehören zu seinem Spektrum, ebenso wie **gesunder Ehrgeiz**. Er steht für **das Göttliche in uns** und unser Vertrauen dazu. Wird dem kein Respekt gezollt oder kommt kein positives Echo, kann das Feindseligkeit zur Folge haben. Kraftlosigkeit und Machtlosigkeit treten ein, wenn die Wege nur gedacht und nicht beschritten werden. **Kleine Zeigefinger** sprechen für Angst vor Konfrontationen und wenig Selbstvertrauen. **Je länger der Zeigefinger ist,** umso feingeistiger werden Macht und Einfluss geltend gemacht, was als typisch weiblich gilt.

Der Jupiterfinger ist es auch, mit dem Gott bei der Erschaffung von Adam dessen Zeigefinger berührt und ihm damit das Leben schenkt. Zumindest in der Darstellung von Michelangelo in der Sixtinischen Kapelle ist das so. Richten wir den Zeigefinger auf andere, um Schuld oder Verantwortung zu delegieren, zeigen immer noch drei Finger auf uns selbst. Da kann das Duo Jupiter/Mars aus Zeigefinger und Daumen noch so weit weg von uns weisen. Die Wahrheit zeigt sich direkt und Projektionen werden entlarvt – wenn wir hinschauen.

> **Tipp** *Je weiter wir etwas von uns weisen, desto wichtiger kann genau das für uns und unsere Entwicklung sein.*

Das gilt auch für Gesten wie das „Vogelzeigen". Bei jedem Vogelzeigen und Verrückterklären zeigen wir uns selbst den Vogel: Wir tippen direkt auf unser Stirnhirn.

**Thema des rechten Zeigefingers** Repräsentant eigener Macht, ein Anführer, bei dem darauf zu achten ist, wie mit der Macht umgegangen wird.

**Thema des linken Zeigefingers** Gelebte Leidenschaften und Sehnsucht nach Unabhängigkeit. Vorsicht vor versteckten Blockaden, vor Apathie und Abstumpfung!

**Ein kurzes Endglied** deutet auf materialistische Züge hin. Sollte der Finger dazu dick sein, ist Materialismus besonders ausgeprägt.

**Ein längeres, schlankes Ende** ist ein Zeichen für Scharfsinnigkeit.

> **Tipp** *Je kürzer der Zeigefinger und je länger der Ringfinger ist, desto archetypisch männlicher ist der Handeigner.*
> *Je kürzer der Ringfinger und je länger der Zeigefinger, desto weiblicher ist die Person.*
> *Bei Frauen sind normalerweise beide Finger gleich lang.*
> *Bei Männern sind die Zeigefinger kürzer als die Ringfinger.*

## FINGER IX  Mittelfinger

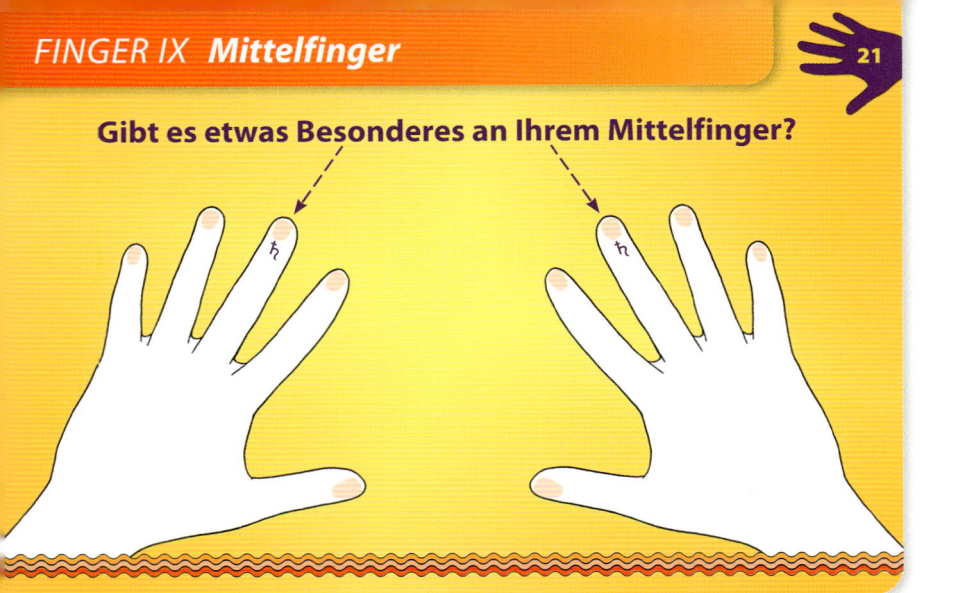

### Gibt es etwas Besonderes an Ihrem Mittelfinger?

### Der Ordnungshüter

Der Mittelfinger ist der längste unter den Fingern und ragt meist um eine ganze Nagellänge heraus. Dieser **Saturn-Repräsentant – Grenze, Struktur, Pflicht** – wahrt die Mitte, während die anderen Finger ihm zur Seite stehen, manchmal reiht sich sogar der Daumen ein. Der Mittelfinger ist der Finger, der ganz klar anzeigt: „Erst die Arbeit, dann das Vergnügen." Alle seine Werte sind spaßbefreit und pflichtbewusst, stehen für Ordnung, Abgrenzung, Sicherheit.

In Gestalt des Mittelfingers sind die zentralen Themen Krankheit und Tod als wesentliche Aspekte des Lebens aufgezeigt. **Der Saturnfinger ist oft krumm, verbogen oder gestresst.** Er muss alles ins Gleichgewicht bringen, wie Justitia mit der Waage.

Bei fast allen Gesten geht der Mittelfinger voran, z. B. bei Victory, Finger kreuzen oder „Stinkefinger". Wenn nicht der Zeigefinger ausdrücklich auf etwas hinweist, übernimmt er die führende Position und Rolle. Bei all diesen Gesten muss die Verantwortung signalisiert werden. Andernfalls werden leicht Schuldzuweisungen daraus. Struktur und Disziplin haben vorrangige Bedeutung, diese Reduktion auf das Wesentliche ist jedem von uns direkt in die Hand gelegt. Auch Einfachheit und Selbstverantwortung sind dabei und überragen damit Themen wie Kommunikation (Merkur: kleiner Finger), Ausstrahlung und Selbstdarstellung (Sonne: Ringfinger), Toleranz und Großzügigkeit (Jupiter: Zeigefinger) und selbst Energie und Kraft (Mars: Daumen).

Wird der „Stinkefinger" gezeigt, weist er meist die Verantwortung vehement von sich, schickt sie ganz umfassend gleich gen Himmel. Unterstützt vom Daumen (Mars), der den Zeigefinger (Jupiter) und manchmal auch gleich den Ringfinger (Sonne) an der Mitsprache hindert.

***Das Thema des rechten Mittelfingers*** ist Verantwortung. Er ist diesbezüglich ein unbestechliches Alarmsystem. An diesem Finger zeigt sich, ob Vorhaben auch zu Ende gebracht werden.

***Das Thema des linken Mittelfingers*** sind die mit Saturn verbundenen Schuldgefühle. Saturn ist hier auch für Verlässlichkeit im Alltag zuständig und dafür, gesundes Selbstbewusstsein zu entwickeln.

***Ein langes Endglied des Saturnfingers*** verrät die Ernsthaftigkeit seines Besitzers.

***Ein kurzes Endglied*** ist Indiz für großen Einfluss der Umgebung auf den Handeigner und deutet Skepsis in alltäglichen Dingen an.

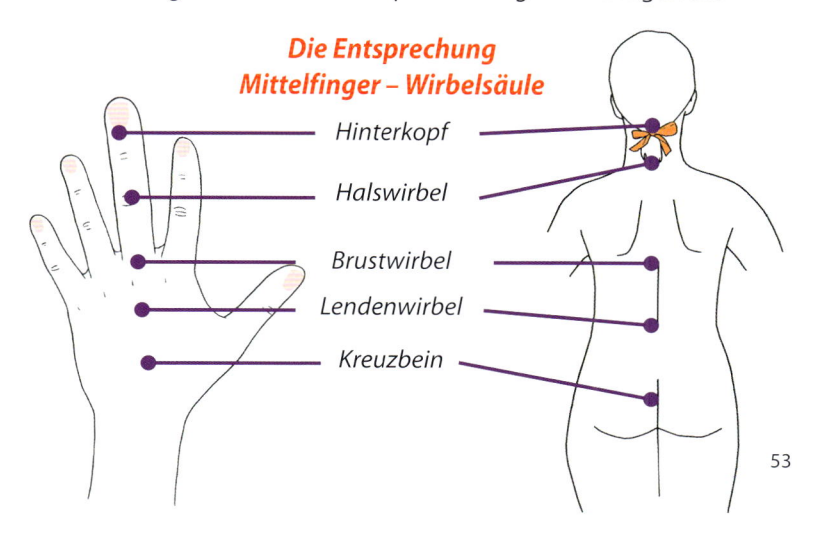

### Die Entsprechung Mittelfinger – Wirbelsäule

- Hinterkopf
- Halswirbel
- Brustwirbel
- Lendenwirbel
- Kreuzbein

# FINGER X  *Ringfinger*

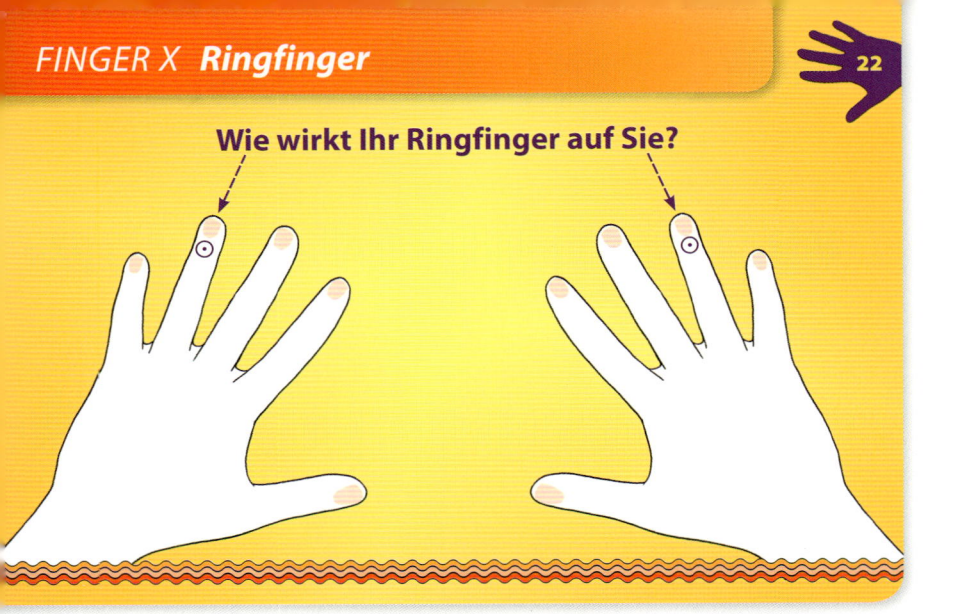

**Wie wirkt Ihr Ringfinger auf Sie?**

## Der Möchte-gern-Mittelpunkt

Der Ringfinger wird **Apollon** und damit dem **solaren Prinzip** zugeordnet, das den Mittelpunkt und damit den **ersten Platz** beansprucht. Dennoch kämpft der Ringfinger in Bezug auf Länge um den Rang zwei. Herrschte im Mutterleib in der Frühphase der Schwangerschaft das männliche Prinzip in Form von Testosteron vor, kann er sich zur Nummer zwei auswachsen haben. Überwog das weibliche Östrogen, wird er wohl auf gleicher Höhe mit dem Zeigefinger oder gar hinter ihm stehen und den dritten Rang einnehmen. Es ist also

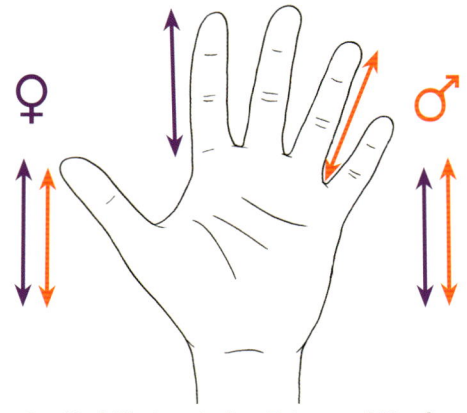

*Das Verhältnis zwischen Zeige- und Ringfinger zeigt die männliche oder weibliche Prägung einer Person.*

viel männliches Hormon notwendig, um der Sonne in unserer Hand zum Durchbruch zu verhelfen. Durch sein Format zeigen sich Liebe aus vollem Herzen, sprichwörtlicher **Löwenmut, Ausstrahlung und Charisma, dazu kommen Vitalität und Gesundheit**. Apollon braucht Anerkennung und Applaus, sonst wird er unecht und versucht, sich einzuschmeicheln. Er hat Angst vor Kritik, das Sonnenprinzip möchte geliebt und bewundert werden.

Dem Ringfinger werden Verlässlichkeit, Treue und die Ehe zugeordnet, obwohl sie vom urprinzipiellen Standpunkt alle drei eindeutig zu Saturn gehören. Die Ehe ist dazu noch eine erheblich einschränkende Institution. Außerdem wird der Ringfinger mit dem zweiten Chakra, dem Sakral- oder Sexualchakra, in Verbindung gebracht und dadurch in Beziehung zu Partnerschaft und Sexualität gesetzt. Noch mehr wird Sinnlichkeit und Sex allerdings mit dem kleinen Finger assoziiert. Der Ringfinger ist der Ort, der den Familienstand anzeigt und deshalb war und ist er für viele Frauen von großer Bedeutung.
Unter den fünf Fingern fällt der Ringfinger durch geringe Eigenständigkeit und wenig Beweglichkeit auf. Viele Menschen können ihn kaum unabhängig von den anderen Fingern bewegen, zu sehr hängt er mit seinen Nachbarn zusammen. Einzeln kann er kaum agieren, so wie auch das Sonnenprinzip immer andere braucht, um sich in ihnen zu spiegeln. Der Ringfinger ist unter seinen Kollegen der faulste, besonders im Vergleich zum aktiven Daumen.

*Der rechte Ringfinger* ist der Kreative, der Künstler, der geliebt werden will. *Der linke* steht für Selbstsicherheit, Experimentierfreude und Eigenliebe.
*Ein langes Ende* zeigt die Fähigkeit, sich an Kunst zu erfreuen.
*Die Überlänge des Endgliedes* zeigt Egoismus bis zu Narzissmus.
*Ein spachtelförmiger Nagel* verheißt schauspielerisches Talent.

## FINGER XI  Kleiner Finger

**Wie gerade wirkt Ihr kleiner Finger?**

## Das Kommunikationswunder

Der kleine Finger ist ein großer **Kommunikator**. Er ist, wie die gesamte Hand, dem **Merkurprinzip** zugeordnet und damit doppelt dem Thema Verbindungen und Netzwerken verbunden. In manchen Kulturen dient er als Anzeigeinstrument für die **Art der Arbeit oder des Standes**. In Asien darf sein Nagel beliebig wachsen als Zeichen seines Besitzers, etwas Besseres zu sein.

So wie der Planet Merkur aus Sicht der Erde ständig in der Nähe der Sonne und mit ihr besonders eng verbunden ist, bleibt auch der zurückgesetzte, viel kleinere Merkurfinger seiner Natur gemäß immer mit dem ihn überragenden Sonnenfinger verbunden. Er ist viel agiler und beweglicher als der Ringfinger, was gut zum Sonnen- und auch zum Merkurprinzip passt. Auf der Merkurseite ist viel Bewegung und wenig Macht angesiedelt, auf der Sonnenseite viel bewusste Machtdemonstration und geringe Beweglichkeit.

Sprichwörtlich heißt es, dass manche Menschen die ganze Hand nehmen, wenn ihnen nur der kleinen Finger gereicht wird. Tatsächlich stellt der kleine Finger verblüffende Verbindungen her. Es lassen sich viele Türen öffnen und Zugänge verschaffen. Merkur ist als Seelenführer oder Psychopompos (Begleiter in die Anderswelt) äußerst beweglich und damit beschäftigt, den Menschen den Weg zu zeigen. Als Herr der Wege, den geraden wie den krummen, den Abkürzungen und den Umwegen, ist er für Verkehr und Austausch zuständig. Sowohl Händlern als auch Dieben ist er verpflichtet. Er ist flexibel und anpassungsfähig und überall zu Hause.

Er kann in das Meeresreich weisen (der kleine Finger erreicht in der Handfläche gerade eben den Neptunberg), aber auch in das Totenreich der Unterwelt von Hades. Selbst in das himmlische Reich des Olymps hat er Zugang – der kleine Finger reicht zum Jupiterfinger hinüber. Ein Charakteristikum von Hermes-Merkur sind seine geflügelten Sandalen, mit deren Hilfe er sogar fliegen kann. Dazu ist er in der Lage, sich per Tarnkappe unsichtbar zu machen, was ihm vielfältige Möglichkeiten und eine noch größere Bewegungsfreiheit in der Welt der Menschen und der Götter verleiht.

Der *rechte kleine Finger* zeigt, wie der Bereich Kommunikation gemeistert wird. Der *linke kleine Finger* verrät den Grad der Selbsterkenntnis und wieweit Einsicht und Heilkraft zur Verfügung stehen. Darüber hinaus ist er Ausdruck von Intimität und sexuellen Neigungen.

*Ein langes Endglied* des kleinen Fingers ist ein Zeichen herausragende Ausdrucksfähigkeit.
*Ein kurzes Endglied* verrät dagegen Denkfaulheit.
*Ein spitzes Endglied* steht erlöst für große Beredsamkeit, unerlöst für Redseligkeit.
*Stets abgespreiztes Fingerspiel* steht für pointierte verbale oder non-verbale Kommunikation.

## FINGER XII  Spitzen

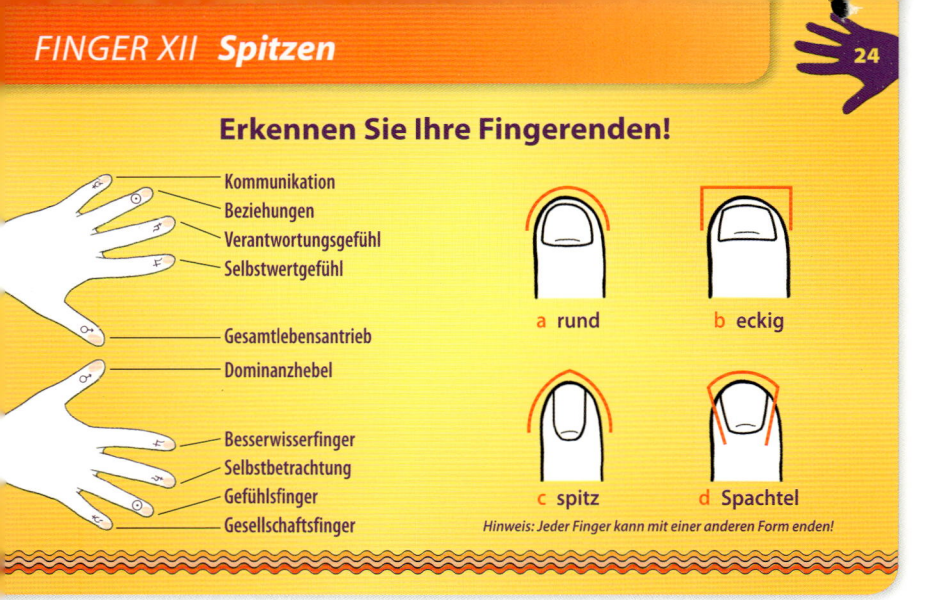

### Erkennen Sie Ihre Fingerenden!

- Kommunikation
- Beziehungen
- Verantwortungsgefühl
- Selbstwertgefühl

- Gesamtlebensantrieb
- Dominanzhebel

- Besserwisserfinger
- Selbstbetrachtung
- Gefühlsfinger
- Gesellschaftsfinger

a  rund  
b  eckig  
c  spitz  
d  Spachtel

*Hinweis: Jeder Finger kann mit einer anderen Form enden!*

## *Die Welt begreifen*

An den meisten Händen finden sich verschiedene Fingerspitzenformen. Machen Sie eine Skizze, auf der Sie Ihre Handumrisse mit den entsprechenden Spitzenformen und Fingerthemen versehen und dann deuten.

**Runde Fingerenden (a)** Sie gehören zu diplomatischen wohlüberlegten Menschen. Es wird nichts auf die Spitze getrieben und nichts eckt an. Sind fast alle Finger rund überkuppelt, werden Probleme leicht übertüncht. Wer dazu neigt, alles schönzureden, läuft Gefahr, sich zu verbiegen.

- **Daumen**  Das Aufbrausende des Marsprinzips bekommt hier Schliff und Stil. Die Kraft kann dabei verkümmern oder in Feigheit enden. Zu viel „rundes" Verhalten ist Vermeidung.
- **Zeigefinger**  Wachstum, Expansion, Großzügigkeit und Toleranz sollten gelebt werden. Eventuell geht das Thema Lebensweg unter. Das Sozialverhalten ist leicht angepasst, Entwicklung verlangt Mut.

- **Mittelfinger**  Saturns Struktur und Strenge kann hier gemildert und stilvoll gelebt werden. Die Härte wird weich und rund vermittelt. Es gibt Raum für Gemütlichkeit und schöpferische Momente.
- **Ringfinger**  Eine gute Art, das Sonnenprinzip diplomatisch zu integrieren. Der Wunsch nach Aufmerksamkeit tritt etwas zurück, es gibt Einfühlungsvermögen, Rat und Trost. Wenig Widerstand dank Diplomatie.
- **Kleiner Finger**  Runde und geschickte Kommunikation. Gutes Netzwerken, verbindliche Leichtigkeit. Es wird auf allen Wegen versucht, Beziehungen herzustellen und zu halten.

*Eckige Fingerenden (b)* Mars, Urprinzip der Aggression, wirkt hier. Fingerspitzengefühl ist fremd. Menschen mit Ecken und Kanten. Breite Fingerenden zeigen sehr direkte Menschen, sehr breite Nägel starken Charakter – vor allem am Daumen.
- **Daumen**  Mars wirkt doppelt, durch Finger und Endform. Das kantige Ende zeigt pragmatischen, direkten Einsatz der Lebensenergie, die anderen Druck macht. Viel Kraft und Dynamik. Stabile, realistische und fleißige Menschen.
- **Zeigefinger**  Viel Feuer, von Eifer bis Fanatismus. Selbstkontrolle zügeln, Grenzen respektieren! Charismatische Persönlichkeiten, die liebend gern göttlichen Wegen folgen möchten.
- **Mittelfinger**  Wenn Mars Saturns Themen trifft, wird es normalerweise eng. Doch dabei laufen die Handeigner zu Höchstform auf. Probleme werden angepackt, Verantwortung durchgesetzt. Widerstandsenergie kann krank machen.
- **Ringfinger**  Viel feurige Energie! Offensive, manchmal peinliche Selbstdarstellung. Im Mittelpunkt zu stehen kann Vorrang haben. Verzettelung im Keim erstickt, kann Ordnung und Planungssicherheit bringen. Gute Arbeit an sich selbst.

- **Kleiner Finger**  Das Kantige bringt viel Energie in Vermittlungen. Kommunikation ist offen, direkt, weniger diplomatisch und vorsichtig. Das Zur-Sache-Gehen passt gut zu Geschäftsleuten, die praktische Lösungen umsetzen.

**Spitze Fingerenden (c)**  Seltene Form vor allem bei empfindsamen, sanften und verletzlichen Persönlichkeiten. Talent mit großer Fantasie. Bewirkt viel durch Einfühlsamkeit, muss auf den Punkt kommen. Schriftsteller und Theoretiker, unerlöst Schwätzer. Aufgabe: Die eigenen Schwachpunkte lösen.

- **Daumen**  Lebenskraft mit sanftem Touch. Künstlerisch, fantasievoll, steckt viel Energie in empfindsame Lebensaspekte. Weibliche Einfühlung mit dem Impuls, zu berühren und sanft anzustoßen.
- **Zeigefinger**  Empfindsame, feine Art, verbunden mit dem jupiteralen Anspruch, Lebenswege zu zeigen und große Richtungen zu weisen. Freude an Schönheit, Wachstum, Toleranz. Großzügigkeit und Weisheit im Sinne von „Liebe Deinen Nächsten wie Dich selbst".
- **Mittelfinger**  Das Feinfühlige und Zarte der Spitzen (Luft und Wasser) begegnet Härte und Konsequenz des Saturnprinzips. Das kann leicht zu Verwässerung der Ordnung führen. Viel Charme bei Ernstem und Verantwortungsthemen.
- **Ringfinger**  Musische, künstlerische Ambitionen, verbunden mit Empfindsamkeit und Fantasie. Schöne Verbindungen und Symbiosen. Die Zartheit besänftigt die Mittelpunkt-Ambitionen des Sonnenprinzips und mildert Dominanzansprüche.
- **Kleiner Finger**  Kommunikative Fähigkeiten – einfühlsam, sanft und fantasievoll. Merkur und spitze Finger sind gute Freunde mit zarten Fühlern wie Schmetterlinge. Schattenaspekt: okkulte Interessen bis zum Sektierertum.

> **Rund, kantig, spitz oder muschelartig**
> Am häufigsten sind runde Fingerenden, am zweithäufigsten die kantig-quadratischen, gefolgt von den eher seltenen spitzen Fingerenden und den muschelartigen Spachteln.

**Spachtelförmige Fingerenden (d)** Spachtel- oder muschelförmige Fingerspitzen zeigen das Sonnenprinzip und seine **Kreativität, dazu einen außergewöhnlichen Pioniergeist.** Flexibel, wortgewandt und schöpferisch. Äußerlichkeiten können wichtig sein. Originelle Personen mit gelebtem Uranus-Prinzip: rundum unkonventionell.

- **Daumen** Mars bringt diese bunte Mischung zur Geltung. Lebensenergie wird kreativ oder zum Nestbau eingesetzt. Energetische Menschen, anspruchsvoll und schwer zu befriedigen. Folgen keiner Norm. Dünnes Daumenende: Hang zur Geselligkeit.
- **Zeigefinger** Sollte Sinnfindung und Lebensweg verbinden. Grenzgänger mit Pioniergeist und erheblichen Kraftreserven mit hoher Endspurtqualität. Verrückte Lebensentwürfe und -philosophien, verblüffendes Wachstum von Neuem, dabei eindringend in Altes.
- **Mittelfinger** Zum Saturnprinzip passt die Spachtelform nicht recht. Doch Energie kann sich originell mit Struktur verbinden. Kreativer Anspruch kann die Strenge variieren und spielerisch machen. Gut bei Technik und Forschung.
- **Ringfinger** Gelebte Sonnenenergie zeigt Anpassungsfähigkeit und Wortgewandtheit „Hier bin ich, schaut mich an! Ich bin einzigartig." Großer Gestaltungsdrang, gemischt mit Abenteuerlust und Sehnsucht nach gefeiertem Heldentum.
- **Kleiner Finger** Erfinderische Menschen, denen nichts zu viel wird. In Wort und Schrift tausend kreative und verrückte Ideen. Trendsetter, die ihrer Zeit weit voraus sind. Geniale Redegewandtheit und Situationskomik bis hin zur Stand-up-Comedy.

## FINGER XIII  *Ausrichtung*

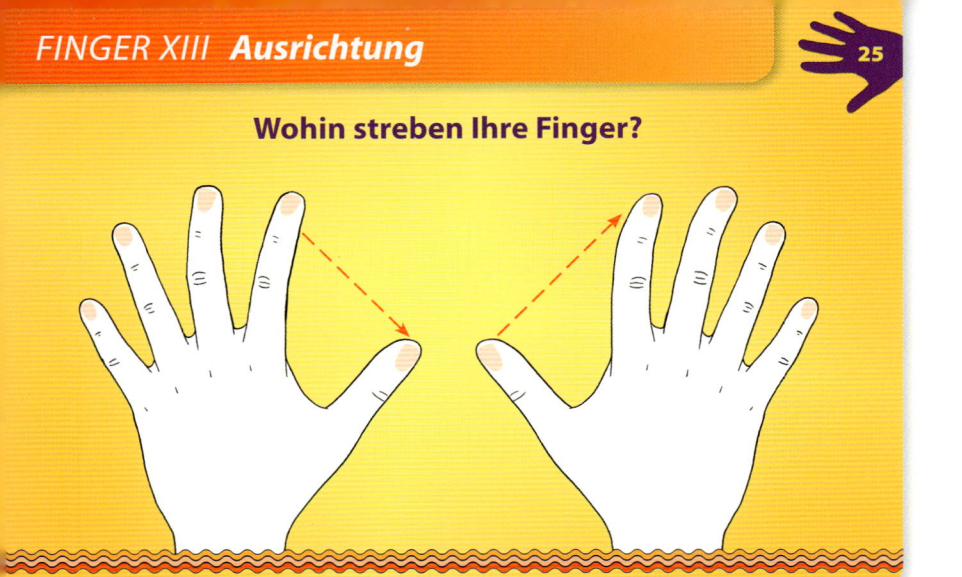

**Wohin streben Ihre Finger?**

## *Biegungen und Wege*

Dirigent seiner Handlungsfinger ist der Daumen, der Marsfinger. Er steht für das Selbst und ist damit Mut und Maß aller Dinge in der Hand. An diesem Hebel zeigen sich Richtungen, Hinwendungen oder Abwendungen. Bei beiden Richtungen gibt es erlöste und unerlöste Entwicklungen. Selten wird das Ideal einer Hand mit völlig geraden Fingern erreicht.

*Zeigefinger*  Der zum Daumen tendierende Jupiterfinger spiegelt eine in weltanschaulichen Dingen gefügige und eher angepasste Einstellung. Es kann sich auch um einen einen religiös konservativen Menschen handeln. Im unerlösten Fall wenig eigene Gedanken über den persönlichen Weg und gedankenlose Unterordnung. Strebt der Zeigefinger nach außen, weg vom Maßstäbe symbolisierenden Daumen, wird sein Besitzer seiner eigenen Weltanschauung folgen und seinen Lebenssinn suchen. Das kann die Gefahr des Egotrips, doch auch die Chance enthalten, den eigenen Weg der Befreiung zu finden. Die Mitte zeigt Balance von Genuß und Hilfe für andere.

*Mittelfinger* Falls sich der Saturnfinger zum Daumen, und damit zum Selbst neigt, tendiert der Besitzer der Hand zur Unterordnung unter das große Ziel der Selbstverwirklichung. Unerlöst neigt er dazu, sich zu fügen und zum Duckmäuser zu mutieren. Wendet sich der Mittelfinger vom Daumen ab, wird dieser Mensch eigene Wege anstreben. Es zeigt sich eine Tendenz, sich für ehrgeizige Ziele zu verbiegen. Im erlösten Fall wird zwar Eigenverantwortung übernommen, doch die Betreffenden verbiegen sich ggf. für die Berufung und für andere Menschen. Steht er mittig, zeigt sich ein gutes Pflichtgefühl: Dienen, ohne Diener zu sein.

*Ringfinger* Tendiert der Sonnenfinger zum Daumen, ordnen sich die künstlerischen Talente und Elemente unter und passen sich dem Wohl des Ganzen an. Erlöst dient dies der Selbstverwirklichung. Strebt der Ringfinger fort vom Daumen, bricht er aus dem vorgegebenen Rahmen aus und geht eigene Wege in Bezug auf künstlerischen Ausdruck, Ambition und Beziehung. Unerlöst können dies Abwege und Umwege sein. Steht er mittig: fairer Ausgleich in diesen Themen.

*Kleiner Finger* Strebt der Merkurfinger zum Daumen, ist das Denken eher angepasst und veränderlich. Erlöst dienen Kommunikation und Begegnungen vor allem dem Selbst und seiner Entwicklung. Strebt der kleine Finger vom Daumen weg und entkommt damit der Kontrolle, kann das gedankliches Abschweifen oder Schauspieltalent bedeuten. Erlöst ist es ein Hinweis auf freie, flüssige und unabhängige Kommunikation.

*Abstände* Die Hände schütteln und locker auf den Tisch legen. Liegen die Finger eng nebeneinander, spricht das für zurückhaltende Menschen. Stehen die Finger weiter auseinander, zeugt dies von Offenheit oder Extrovertiertheit. Von einer „Bohemien-Spreizung" spricht man, wenn alle Finger auseinanderliegen. Stehen die Finger über Kreuz, engen sie die Urprinzipien ein.

## FINGERKUPPE | *Tröpfchen* 26

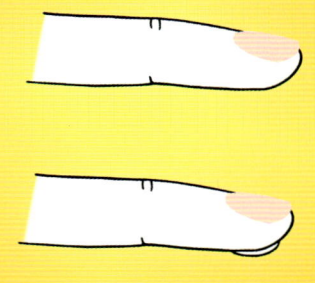

**Erkennen Sie Tröpfchen an einigen Fingerspitzen?**

## *Die Hügel der Empfindsamkeit*

Die Tröpfchen an den Fingerkuppen stehen für **besonders guten Tastsinn und eine erhöhte Sensibilität** und Fühligkeit. Mit diesem kleinen Anhang bekommt jede Fingerspitzenform eine erweiterte Deutung, indem das Tröpfchen Gespür und Empfindsamkeit in den jeweiligen Finger und dessen Prinzip bringt. Tropfen entstehen und vergehen in etwa 3 bis 6 Monaten, wenn sich die Empfindungen ändern.

*Runde Fingerspitzen plus Tröpfchen* Anpassung und Diplomatie ist eine Aufgabe und gleichermaßen eine Gefahr der runden Fingerspitzen. Hier treffen sich die Elemente Wasser und Luft. Kommen Tröpfchen dazu, verstärkt sich die Weichheit und Anpassungsfähigkeit der entsprechenden Finger. Gespür und Empfindsamkeit können diplomatisches und freundliches Verhalten noch sensibler machen. Wird es grenzenlos, kann es für andere zu nah sein. Das Mondhafte der Tröpfchen hat immer eine anpassungsbereite und seelisch tangierte Nuance.

***Quadratische Fingerspitzen plus Tröpfchen*** Eckige Fingerspitzen (Element Erde) wollen anpacken, bewegen, machen. Das sogenannte Fingerspitzengefühl liegt ihnen fern. Wenn reiner energetischer Pragmatismus auf Sensibilität und Gespür trifft, kann das eine neue Note schaffen, das Formgefühl verfeinern – oder schlicht nicht wahrgenommen werden. Das würde wiederum die kantige gefühlssparsame Art verstärken, da etwas ungefühlt bleibt, was aus gutem Grund dort sitzt. (Bitte den entsprechenden Finger nachschlagen.)

***Spitze Fingerenden plus Tröpfchen*** Diese Fingerenden (Element Luft) sind prädestiniert für zarte und punktgenaue Berührungen. Sie sind sanft und einfühlsam und hochsensibel. Kommen nun Tröpfchen dazu, verstärkt sich diese Fühligkeit um ein Vielfaches. Diese Fingerspitzen werden fast „sehend", so weit reichen die unsichtbaren Fühler. Auch hier empfiehlt es sich, den entsprechenden Finger thematisch einzubeziehen. Ein Tröpfchen auf einem Saturnfinger (Ordnung und Struktur) ist ein anderer Verstärker als auf dem Jupiterfinger (Weltsicht und Ideale, Karte 20 und Seite 50.)

***Spachtelförmige Fingerspitzen plus Tröpfchen*** Die Vielfalt und der feurige Pioniergeist der spachtelförmgen Fingerkuppen gehören oft zu schöpferischen, begeisterungsfähigen Menschen. Hier regiert das Feuer und trifft bei dem Tröpfchen auf Mondhaftes und Sensibles. Das kann eine wunderbare Mischung ergeben, wenn dem Handeigner bewusst wird, dass da eine zarte, fühlige Ebene ist, die sehr bereichernd wirken kann. Tröpfchen beispielsweise am Sonnenfinger, dem Ringfinger, vereinen Körper und Seele und schaffen erweiterte Zugänge zu Entdeckung der persönlichen Welt.

## FINGERKUPPE II *Linien*

**Welche Linien zeigen Ihre Fingerkuppen?**

## *Lebensspuren*

Linien auf den Fingerkuppen (nicht zu verwechseln mit Linien auf den Nägeln) liefern wichtige Hinweise auf die Gesundheit. Linien und Rillen sind immer Stressfaktoren. Überwiegend verlaufen sie senkrecht in Fingerrichtung und weisen vor allem auf Hormonthemen hin. Laufen sie waagerecht, ist der damit verbundene Stresspegel erhöht. Die Querrinnen durchkreuzen das zum jeweiligen Finger gehörige Thema, sie machen einen „Strich durch die Rechnung". Wichtig: Beide Zeichen verschwinden nach der Genesung beziehungsweise nach Auflösung der jeweiligen Belastung wieder.

### *Senkrechte Linien*

**Zeigefinger** Senkrechte Linien sind häufig mit Problemen der Hirnanhangdrüse (Hypophyse) verbunden. Der mit dem Lebensweg und Lebenssinn verbundene Finger steht für die zentrale Drüse, die alle anderen lenkt.

**Mittelfinger** Senkrechte Zeichen weisen auf Störungen der Zirbeldrüse (Epiphyse) hin, die unter anderem die Funktion der inneren

Uhr des Organismus innehat. Der Bezug zu Saturn liegt auf der Hand, ihm untersteht die Zeit und damit alle Zeitmesser und Funktionen.
**Ringfinger** Der Sonnenfinger verdeutlicht Themen der Thymusdrüse. Diese steht zu Beginn des Lebens im Zentrum der sich entwickelnden körperlichen und seelischen Abwehr. Später weisen senkrechte Linien am Ringfinger auf Probleme mit dem Herzen, dem Herz-Kreislauf-System und dem Blutdruck hin.
**Kleiner Finger** Senkrechte Linien auf dem Merkurfinger sind ein Indiz für Schilddrüsenstörungen, die die Stoffwechselgeschwindigkeit beeinträchtigen. Die Schilddrüse bestimmt, ob wir phlegmatisch durchs Leben treiben oder kräftig ein- und zugreifen.

## *Waagerechte Linien*

**Zeigefinger** Auf der Kuppe des Jupiterfingers können waagerechte Linien auf eine Vertrauenskrise hindeuten. Stress auslösende Machtspiele sind auch möglich. Der von diesem Finger symbolisierte Lebenssinn ist in Frage gestellt, die Richtung des Lebensweges unklar oder ganz verloren. Toleranz und Wachstum können durchkreuzt sein.
**Mittelfinger** Hier verraten waagerechte Linien Sorgen (Saturn) im Hinblick auf die Sicherheit (Saturn) im Leben, dem Beruf und dem Zuhause.
**Ringfinger** Am Sonnenfinger zeigen die Linien, dass der Betreffende unglücklich ist. Sind Mittelfinger und Ringfinger stark mit waagerechten Linien gekennzeichnet, gibt es mit großer Sicherheit Beziehungs- oder Ehesorgen.
**Kleiner Finger** Waagerechte Linien am Merkurfinger sind Indiz für gestörte Kommunikation und auch für sexuelle Beziehungsprobleme.

# FINGERABDRUCK | *Muster*

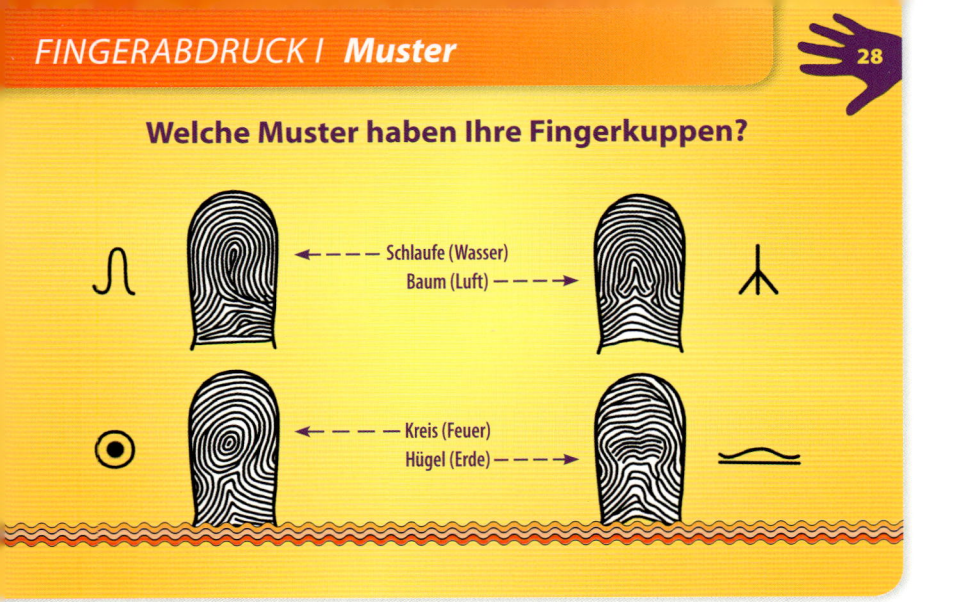

## Welche Muster haben Ihre Fingerkuppen?

← — — Schlaufe (Wasser)
Baum (Luft) — — →

← — — Kreis (Feuer)
Hügel (Erde) — — →

## *Das unverwechselbare Ich*

In unseren Händen haben wir eine eigene Lebensschule mit genauem Lehrplan ständig vor Augen. Wenn wir hinschauen! Die Linien und die meisten Zeichen sind bereits fünf Monate vor der Geburt vorhanden. Wir bringen also unsere wesentlichen Aufgaben bereits mit auf die Welt. Die Muster der Fingerbeeren – Schlaufe, Kreis, Baum und Hügel – zeigen unsere Persönlichkeit unmissverständlich.

### *Fingerabdrücke sichtbar machen*

- Um die Abdrücke gut zu erkennen, reicht bei gutem Tageslicht eine Lupe. Oder Sie machen eine Schwarz-Weiß-Kopie der ganzen Hand – idealerweise vergrößert.
- Oder Sie fetten die Fingerspitzen leicht ein, und drücken sie dann, ohne zu wackeln, auf ein sauberes Glas.

Die jeweiligen Muster der Finger können Sie in das nebenstehende Schema eintragen. Die Seite vorher mehrfach kopieren, für spätere Hände-Eintragungen!

| **Linke Hand** | Daumen | Zeigefinger | Mittelfinger | Ringfinger | Kleiner Finger |

| **Rechte Hand** | Daumen | Zeigefinger | Mittelfinger | Ringfinger | Kleiner Finger |

**Vier unterschiedliche Fingersiegel: Schlaufe, Kreis, Baum, Hügel** Die Bedeutung dieser Muster verbindet und mischt sich mit den einzelnen Fingerarchetypen und Fingerspitzen. Daraus ergibt sich eine riesengroße Kombinations- und Erkenntnisvielfalt. Tragen Sie in das jeweilige Analysekästchen die Muster Ihrer Fingerabdrücke ein, um den Durchblick für Ihre beiden Hände zu behalten. Die Deutung der einzelnen Finger und der Muster finden Sie auf den Seiten 70 bis 77.

### Beispiel: Zeigefinger links
**Archetyp**  Jupiter: Ideale, Werte, Sinnfragen, Fügung, Glück
**Finger**  Selbstwertgefühl
**Schlaufen**  Entwicklung, Offenheit wagen, vergeben

---

**8-4-2-2 Häufung der Themen an allen zehn Fingern**
- *Ein deutliches **Schlaufenthema** besteht ab 8 Schlaufen.*
- *Ein generelles **Kreisthema** besteht bei 4 Mandala-Kreisen.*
- *Ein klares **Baumthema** besteht mit nur 2 Bäumen.*
- *Ein deutliches **Hügelthema** besteht mit nur 2 Hügeln.*

# FINGERABDRUCK II  *Schlaufen*

### An welchen Fingern haben Sie Schlaufen?

## *Mit offenem Herzen ganz bei sich*

Die Schlaufe ist das mit Abstand häufigste Fingerabdruckmuster und dem Element Wasser zugeordnet. Es muss die Mitte zwischen völliger gefühlsmäßiger Offenheit und strikter Verschlossenheit gefunden werden. Die Schlaufe ist einseitig offen, Herzoffenheit soll hergestellt werden. Es sind oft Menschen, die sich nicht erlauben, offenen Herzens zu leben. Bei einer großen Zahl an Schlaufen gehen die Betreffenden Konflikten lieber aus dem Weg und wagen es kaum, ihr Herz zu öffnen oder gar es auszuschütten. Sie sind leicht beleidigt und ziehen sich schnell zurück.

Sich in Gefühls- und Herzensdingen wieder zu öffnen und Auswege aus den (oft selbst gestellten) Fallen des Lebens zu finden, ist eine der großen Aufgaben. Bei der Wahl zwischen kühlem Kopf und heißem Herzen sollte immer das Herz gewählt werden. Wer überwiegend Schlaufen hat, kann im positiven Fall anpassungsfähig und flexibel sein und mit vielen Interessen, selbstbewusst und wach für sein Herzensthema durchs Leben gehen. Aufgeschlossene Schlaufenträger sind gute Teamarbeiter. Hat jemand **über alle**

**zehn Finger mindestens acht Schlaufen**, rückt das Thema Herz und emotionales Wachstum in den absoluten Vordergrund. Es geht darum, sein Herz zu öffnen und zu leben.

*Beide kleinen Finger* Aus dem Herzen heraus kommunizieren und entscheiden; sein Herz und seine Liebe sprechen lassen. Irrtümer in der Kommunikation zeitnah richtig stellen. Es besteht die Gefahr, die Tür hinter sich zuzuschlagen. Aufgabe: sich auch in der Sexualität nicht auf eingefahrene Muster zurückziehen.

*Beide Ringfinger* Ein Feuer-Wasser Thema: Vor Außen-Liebe sollte Selbstliebe entwickelt werden, um sein eigenes Herz für Liebe (im Sinne von Harmonia, Agape, Eros, Philia), Kreativität und Ausstrahlung, aber auch für Beziehung zu öffnen. Gefahr von Enttäuschung, Verbitterung und Depression.

*Beide Mittelfinger* Sich der Liebe verantwortungsvoll und bedachtsam öffnen. Gleichgewicht zwischen Herzensenergie und Gefühlskühle schaffen. Weder verbrennen noch erstarren. Krankheitsbilder, die in Sackgassen geführt haben, immer wieder reflektieren und anschauen, bis sich Herzens-Auswege eröffnen.

*Beide Zeigefinger* Sich für den (Entwicklungs-)Weg öffnen. Bei Konflikten großzügig und tolerant die Chance der Umkehr anbieten. Auch sich selbst und anderen verzeihen lernen ist essentiell. Harte Schnitte und offensive Schritte wagen. Gefahr, sich in Sackgassen zu verrennen und beleidigt allein im Irrtum zu verharren.

*Beide Daumen* Beherzt mutige Entscheidungen fällen, Energie in Herzensangelegenheiten zurückbringen. Eigene Lebensenergien fließen lassen. Gefahr, Kriege anzuzetteln und somit steckenzubleiben.

## FINGERABDRUCK III  *Kreise*

**An welchen Fingern befinden sich Kreise?**

### *Einer Sache dienen, ohne zu verbrennen*

Der Kreis ist das zweithäufigste Fingerabdruckmuster, dem Element Feuer zugehörig. Sind mehrere Fingerbeeren davon geprägt, soll die persönliche Mitte zwischen Dienen und Aufopferung gefunden werden. Es geht darum, seine wärmende Flamme bewusst am Leben zu halten und nicht beide Enden seiner Kerze abzubrennen. Oft wollen die Betreffenden zu schnell zu viel für sich und verlangen sich ungeduldig zu viel ab. Die Gefahr ist, sich für andere aufzuopfern und aussaugen zu lassen. Zu viel und auch zu wenig Ego können zum Ausgebranntsein führen. Die vielen Ringe der konzentrischen Kreise bilden wie bei einer Zielscheibe immer wieder Anreize, sich Ring um Ring der eigenen Mitte zu nähern. „Der Weg ist das Ziel." Das lenkt den Fokus vom fernen Ziel auf das Jetzt. Handeln um der Sache willen – das Rad drehen, weil es gedreht werden muss. Die erlöste Aufgabe: Mit Freuden seine Energie zur Verfügung stellen und zwar für alle. **Bei zusammengerechnet mindestens vier Kreisen tritt das Thema Dienen in den Lebensvordergrund.** Zu dienen, ohne Diener oder Dienerin zu sein, ist die Aufgabe des Kreises!

**Beide kleine Finger** Durch Austausch, Kommunikation und Vermittlung dem Nächsten und der Welt dienen lernen. Achtung: Gefahr der Aufopferung und des Burn-out. Zu viel Selbstlosigkeit zeigt sich durch Helfersyndrom und Überschätzung der Kräfte und Finanzen. Auch gnadenloses Sich-über-die-anderen-Stellen schadet. Lernen, eigene (sexuelle) Wünsche auszudrücken und zu leben.

**Beide Ringfinger** Verbindung des Feuers vom Sonnenfinger mit dem Feuer des Kreises. Selbstverwirklichung im Bereich von Selbstausdruck und Lebenskunst. Eigene Mitte finden, sich in der Partnerschaft ins rechte Licht setzen, ohne andere herabzusetzen. Dieses Licht leuchten lassen und es nicht unter den Scheffel stellen. Gefahr von überzogener Selbstdarstellung und der Selbstaufgabe für andere plus Burn-out.

**Beide Mittelfinger** Ehrlich werden und die goldene Mitte finden zwischen Eigenverantwortung und Verantwortung für andere. Wer alle Verantwortung auf sich zieht oder von sich weist, muss scheitern. Dann droht Krankheit. Freude am Arbeiten und Dienen, ohne sich ausbeuten zu lassen. Die Mitte zwischen den Extremen – verschlungen zu werden oder zu verbrennen – bedeutet, sich und anderen zu dienen.

**Beide Zeigefinger** Die Feuerenergie auf dem Jupiterfinger will Philosophie, Lebenssinn und Weisheit. Wunsch nach Großzügigkeit, Toleranz, Begeisterung, Fortschritt und Gerechtigkeit. Starker Vorwärtsdrang auf dem Entwicklungsweg für sich und andere. Gefahr von Missionsdrang.

**Beide Daumen** Sich nachhaltig für die Gemeinschaft einsetzen, in den Dienst einer Sache stellen. Gefahr von zu viel Ehrgeiz und sinnlosem Krafteinsatz, was zum Burn-out oder Bore-out führen kann.

## FINGERABDRUCK IV  Bäume

### An welchen Fingern erkennen Sie Bäume?

## *Zwischen Verzettelung und Konzentration*

Der Baum ist dem Luftelement zugeordnet. Mit diesem Siegel auf den Fingerbeeren besteht die Aufgabe, einen Weg zwischen Konzentration und Differenzierung zu finden. Erst der Stamm, dann die Krone! Die Gefahr dieses Musters ist es, auf zu vielen Ebenen zu agieren, und eine zu verzweigte, ausufernde Krone zu bilden. Die Verzweigung der eigenen Persönlichkeitskrone muss immer an der Tragfähigkeit des dazugehörigen Stammes und Wurzelwerkes gemessen werden. Die Gefahr: gar nichts zu riskieren und das Leben nicht zu wagen. Oft kommen ein erheblicher Hang zur Perfektion dazu und die Tendenz, überkritisch mit sich und der Welt zu sein. Angst kann dem Drang nach Weisheit im Wege stehen. Lebenserfahrungen helfen, sie zu überwinden. Erdung ist wichtig und das Element Luft zeigt, wie schwer das werden kann. Im Idealfall entwickelt sich aus den verzweigten Wurzeln ein Stamm, in dem sich die Energie vereint und mit starken Ästen die Krone bildet: Vielfalt aus Einheit. Wer **mindestens zwei Bäume an den zehn Fingern** hat, muss den eigenen **Verstand engagiert durch Erfahrungen zur Einsicht bringen** und aus der Verzettelung erlösen.

***Beide kleine Finger*** Der Merkurfinger muss aus der intellektuellen oder wirtschaftlichen Vielfalt auf das Wesentliche zurückkommen und Ruhe finden. Gefahr, keine Linie ins Leben zu bringen, alles zu aufwendig, zu raumgreifend anzugehen. Den roten Faden immer im Auge behalten! Risiko der Verzettelung auch im Sexuellen. Sich selbst und den Partnern untreu werden.

***Beide Ringfinger*** Die Energie der Sonnenthemen in kreative Bahnen lenken, seine Träume leben und solide einsetzen. Statt Luftschlösser auszubauen, Konzentration auf Selbstverwirklichung und schöpferische Arbeit. Nachschub und Basis im Auge behalten. Den eigenen Stamm nicht vernachlässigen!

***Beide Mittelfinger*** Ideen mit Saturnenergie konzentriert in die Welt bringen. Sich auf Wurzeln und Kraft besinnen, Verantwortung übernehmen und verwertbare Ergebnisse erzielen. Den eigenen Schatten (zu viel von allem auf zu vielen Ebenen) entdecken und klären und zur Essenz reduzieren.

***Beide Zeigefinger*** Den Lebenssinn aus allen verfügbaren Quellen schöpfen. Wurzeln und Visionen für andere verfügbar machen. Den Ehrgeiz wegweisend einsetzen, dabei Gerechtigkeit walten lassen. Gefahr, zu viel zu schnell auf einmal zu wollen, viel zu wissen, ohne es einsetzen zu können.

***Beide Daumen*** Hochfliegende, mit großer Energie aufgeladene Ideen strukturiert in die Tat umsetzen. Die Stärke bewusst bündeln und gezielt anwenden. Der Gefahr, sich zu sehr einzumischen, entgegenwirken. Lernen, mit den eigenen Kräften hauszuhalten.

## FINGERABDRUCK V *Hügel*

### An welchen Fingern finden Sie Hügel?

### *Im Auf und Ab des Lebens Ruhe finden*

Der Hügel ist dem Erdelement zugeordnet. Das beherrschende Thema ist eine sehr irdische Angst. Im Bild der Hügellandschaft auf den Fingerkuppen mit dem Auf und Ab der Gefühle wird das Hin- und-her-Gerissensein deutlich. Starke Unruhe verhindert gezielte Taten. Kleinste Misserfolge werden zum Vorwand, sich zu verkriechen und in diesem Rückzug zu bleiben. Die Angst vor Heimatlosigkeit führt nicht selten zum Alleinsein, was wiederum genau den Ängsten entspricht. Dabei zeigt der Hügel die Aufgabe deutlich: In die Polarität von oben und unten einzutauchen und das Prinzip zu durchschauen und damit umgehen zu lernen. Talfahrt und Aufstieg wechseln sich ab, das kann befreiend werden und als Gesetz der Schöpfung anerkannt werden. Polarität ist das Leben selbst. **Mindestens zwei Hügel an zehn Fingern stellen die Aufgabe, aus Extremen in die Mitte zu finden,** das Auf und Ab zu überwinden und die große Lebensangst zu besiegen. Kampf, Panik und Hyperaktivität sollen hinter sich gelassen werden, um Frieden in sich und mit der Welt zu finden.

***Beide kleine Finger*** Veränderungen und damit die Polarität des Auf und Ab akzeptieren lernen. Ruhe finden und in die Kommunikation einbringen. Verständigung braucht Zeit, so wie eine Wanderdüne, die immer in Bewegung ist. Bei der irdischen Prägung der Hügel darf das Tempo generell moderat sein. Die Gefahr lauert in den Entscheidungen: vor Angst außer sich zu geraten und unterzugehen. Die Chance: Aussöhnung und Entspannung im sexuellen Bereich.

***Beide Ringfinger*** Schwierige Verbindung von Feuer und Erde, die nur im Kompromiss zu erlösen ist. Statt verbrannte Erde oder ersticktes Feuer zu hinterlassen, das eigene Feuer als innerliche ruhige Kerze achtsam brennen lassen. Sicherheit und Ruhe in sich selbst finden. Das oft Angstmachende Auf und Ab als Teil von Beziehungen erkennen.

***Beide Mittelfinger*** Für Ordnung und Struktur sorgen; sich mit Disziplin der Enge hinter der Angst stellen. Verantwortung und Reife, Struktur und verlässliche innere Ordnung anstreben – inmitten der Polarität auf der Achterbahn des Lebens.

***Beide Zeigefinger*** Auf dem Lebensweg die Höhen wie die Tiefen schätzen lernen. Polarität als das bestimmende Prinzip entdecken und akzeptieren. Sinnfindung ohne dauernde Verunsicherungen, sich nicht vor den Herausforderungen des Lebens drücken.

***Beide Daumen*** Lebensmut wagen, innere große Angst überwinden und in Weite wandeln. Flexibilität gegenüber den Wechselfällen des Lebens und das Auf und Ab von Mut und Macht (oder Ohnmacht) akzeptieren lernen. Gefahr, sich und seine Kraft durch Wut zu blockieren.

# FINGERNÄGEL / *Monde* 33

## Wie sehen Ihre Nagelmonde aus?

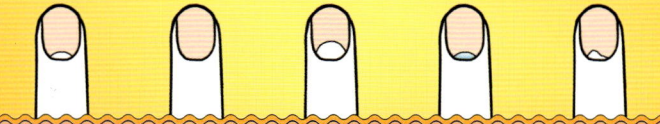

### *Zeichen der Schönheit und Gesundheit*

Gesunde Fingernägel haben eine glatte Oberfläche, ein wenig Glanz und eine leicht rosa Färbung. Dazu eine zarte Wölbung und einen Nagelmond. Die „Lunula" (lat. Möndchen) ist der sichtbare Teil der Nagelmatrix auf unserem Nagel. Von alters her gelten die Nagelmonde als Zeichen von Schönheit und Gesundheit.

Die Nägel sind wie die Haare „Anhangsgebilde" der Haut. Entwicklungsgeschichtlich sind sie Reste der Krallen, die sich einst wie bei den Raubtieren im täglichen Lebenskampf in der Natur abnutzten. Heute stutzen und trimmen wir sie selbst. Schaut man den Querschnitt eines Nagels an, sitzt hinter dem Nagelbett die Nagelmatrix, auch Nagelwurzel genannt. Sie bildet die Zellen, aus denen der Nagel gebildet wird. Er wächst dort heran, verhornt und die Hornschicht – die spätere Nagelplatte – wird über das Nagelbett nach vorne geschoben. Im Lauf dieser Verhornungsphase entsteht auch der Mond des Nagels. Unter der Nagelplatte befindet sich das Nagelbett. Durch seine gesunde hohe Anzahl von Nervenbahnen und Blutgefäßen bekommt der Nagel seine rosige Färbung.

*Kein Nagelmond* Ist keine helle Sichel an der Nagelwurzel zu sehen, liegt das oft daran, dass ihn die umgebende Haut, der Nagelwall, bedeckt. Nach der TCM und der ayurvedischen Lehre sind nicht sichtbare oder sehr kleine Nagelmonde ein Zeichen für einen gestörten Stoffwechsel, zu niedrigen Blutdruck oder Schilddrüsen-Unterfunktion. Sind die Nägel familiär bedingt diffus weiß, ist der Halbmond ebenfalls nicht sichtbar.

*Großer Nagelmond* Generell vitale Menschen. Manchmal besteht eine Neigung zur Schilddrüsenüberfunktion. Diese Menschen stehen unter großem Druck und setzen auch ihre Umgebung unter Druck.

*Bläulicher Nagelmond* Das kann mit Herzrhythmus-Störungen zusammenhängen. Hier stimmt die Sauerstoffversorgung nicht. Auch die Lunge kann angegriffen sein. Oft sind Gefühls- und Kommunikationsprobleme beteiligt.

*Unrunde Nagelmonde* Dieser Nagelmond ist ein Zeichen für eine schwierige Gefühlslage und eine Herzsituation, die ärztlich überprüft werden sollte.

---

*Redewendungen* Heiße Kohlen auf den Fingernägel, glühende Stäbchen unter den Nägeln: So manche Redewendung zitiert die Foltermethoden des tiefsten Mittelalters.
Etwas brennt auf den Nägeln. (Dringendes persönliches Anliegen) ✶ Etwas brennt unter den Nägeln. (Es immens eilig haben) ✶ Jemandem nicht das Schwarze unter den Fingernägeln gönnen. (Neidisch sein) ✶ Sich etwas unter den Nagel reißen. (Etwas ungerechtfertigt an sich nehmen)

## Fingernagel-Check

***Längsrillen*** Breite einzelne Längslinien können auf einen Nageltumor hinweisen. Mehrere Längsrillen zeigen Darmträgheit und eventuell auch Verdauungsprobleme wie Kolitis oder Morbus Crohn an. Bei jungen Menschen zeigen sie eventuell rheumatische Erkrankungen an. Bei vielen Menschen sind die Längsrillen eine Alterserscheinung. Anhaltender Flüssigkeitsmangel kann die Bildung dieser Längsrillen auslösen. Unbedingt mehr trinken!

***Querrillen*** Rillen, die quer über den Nagel reichen, sind oft durch eine Verletzung der Nagelwurzel entstanden. Auch Magen-Darm-Störungen, Fieber und bei Kindern Masern können Verursacher sein. Diese Rillen verschwinden nach der Gesundung wieder. Im wahrsten Sinne gravierend können Radikal-Diäten wirken, die sich durch eine Fastenrille zeigen. Auch seelische Schocks und Traumata graben sich quer ein. Hier spricht jede Rille für ein prägendes Erlebnis. Zeitrahmen: Bis zu sechs Monate zurückliegend.

**Weiße Flecken** Oft sind diese Flecken Folge fehlerhafter Maniküre oder einem Zuviel an Händewaschen, Reinigungsmitteln, Nagellackentfernern oder zu intensiver Nagelpflege. Oder sie stehen im Zusammenhang mit chronischer Müdigkeit und Stress. Ernährungsfehler kommen auch in Frage, Zink könnte fehlen! Kleine Lufteinschlüsse nach Verletzungen sind ebenfalls weiß. Sie verwachsen sich wieder!

**Bläulich-schwarze Flecken** sind meist Blutergüsse. Sie wachsen sich mit der Zeit aus und verschwinden wieder ganz. Wer sich nicht geklemmt oder gestoßen hat und dennoch eine bläulich-schwarze Verfärbung am oder unter dem Nagel feststellt, der sollte misstrauisch werden und das beim Hautarzt abklären lassen.

**Blaue Färbung** Diese Nägel werden in der Medizin als Zyanose bezeichnet. Das griechische Wort Zyanose bedeutet Blauverfärbung und steht für Sauerstoffmangel. Blaue Fingernägel können bei Kälte auftreten, bei Kreislaufstörungen oder Störung der Atemwege. Seelischer Hintergrund kann sein, dass dieser Mensch sich nicht auf das Leben einlassen will.

**Undurchsichtig weiß** Sind die Nägel seit Geburt komplett weiß, wurde die Neigung dazu vererbt. Waren diese Nägel früher rosig, und werden sie mehr und mehr undurchsichtig Weiß kann eine Lebererkrankung zugrunde liegen. Auch Nagelpilz kommt in Frage.

> **Wir alle kommen mit langen Fingernägeln auf die Welt!**
> *Die Nagelanlage ist ab der 9. Embryonalwoche am Hand und Fuß ausgebildet, bereits in der 20. Woche bedeckt die Nagelplatte das gesamte Nagelbett.*

# FINGERNÄGEL IV  Störungen 2

**Haben Sie eine dieser Nagelformen?**

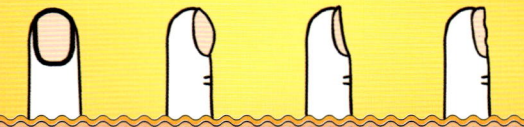

## In den Nägeln lesen

*Gelblich verdickte Fingernägel* Wenn die Nägel gelblich sind, kann es eine einfache Nagelverdickung sein, die durch die Hornschicht gelblich wirkt. In extremen Ausnahmefällen ist es das Gelbe-Nägel-Syndrom (Yellow-Nail-Syndrom), das durch gelbe, dicke, langsam wachsende Nägel auffällt. Dieses Krankheitszeichen tritt kombiniert mit Lymphödemen und Atemwegserkrankungen auf. Die Ursache ist nicht bekannt.

*Uhrglasnägel* Wenn die Nägel ihre gewohnte Form ändern und sich aufwölben, sollte ärztlicher Rat eingeholt werden. Diese aufgewölbten Nägel können ein Hinweis auf Probleme rund um Herz, Leber oder Lunge sein. Es kann sich auch um Sauerstoffmangel im Blut handeln, wenn die Nägel weicher wirken und sich nach oben biegen.

*Löffelnägel* Weist der Nagel dicht an den Fingerspitzen Dellen auf (als hätte man mit einem Löffel hineingedrückt), ist seine Hornsubstanz zu weich. Die Ursache kann an einem aggressiven Putzmittel liegen. Bei Reinigungsarbeiten immer Handschuhe tragen! Löffelnägel weisen außerdem auf Fehlfunktionen der Schilddrüse, auf Eisenmangel und schlechte Blutwerte hin.

*Grübchen in den Nägeln* Kleine Grübchen können auf eine Schuppenflechte (Psoriasis) hindeuten. Auch Splitterblutungen, die längs verlaufen, und weiße Flecken können die Anzeichen dafür sein. Da sollte sich unbedingt ein Hautarzt draufschauen; denn unbehandelt kann diese Hautkrankheit Gelenkentzündungen verursachen. Auch das Risiko für Herz-Kreislauf-Erkrankungen erhöht sich. Allerdings befällt Psoriasis nicht immer die Nägel.

*Brüchige Nägel* Splitternde und spröde Nägel sind das Nagel-Problem Nummer eins bei Frauen. Rund 90 % beklagen diesen Zustand. Das ist kein gesundheitliches Thema. Grund dafür ist z. B. der Umgang mit Substanzen, die den Nägeln die Feuchtigkeit entziehen. Regelmäßige Lackschichten und starke Entfernungsmittel trocknen die Hornsubstanz völlig aus.
**Tipp** Öl-Kuren bringen Feuchtigkeit zurück.

*Öl-Kur für starke Nägel* Olivenöl ist ein wertvolles feuchtigkeitsspendendes Produkt, das die Nägel stärkt und festigt. Olivenöl in ein Schüsselchen geben und darin die Finger 15 Minuten lang baden. Zwei Mal in der Woche angewendet, und das konsequent einige Monate, bringt sichtbare und spürbare Ergebnisse. Eine andere Möglichkeit: jeden Abend vor dem Schlafengehen etwas Olivenöl in die Nägel und Nagelhaut massieren.

# HANDLINIEN | Lebenslinie 37

## Die Lebenslinie

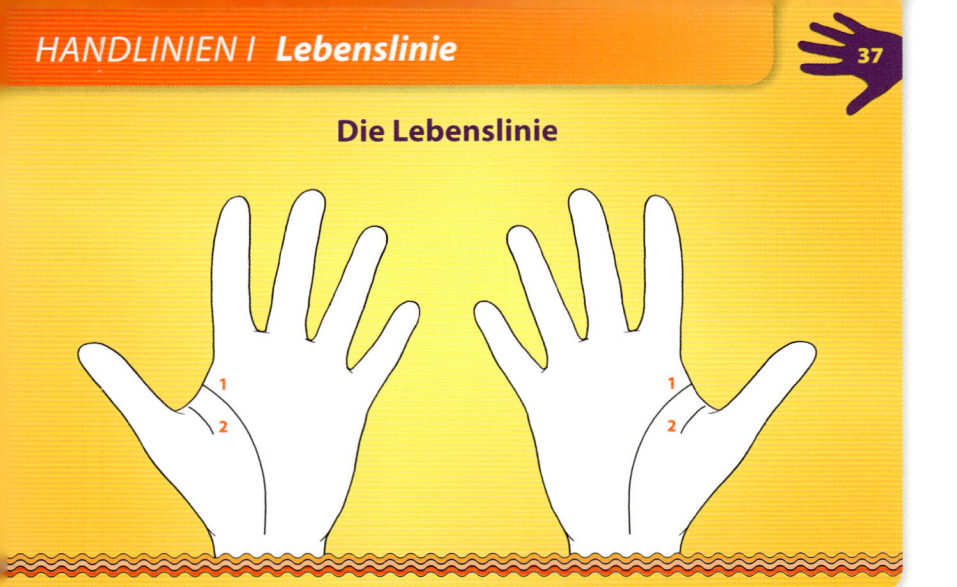

## Im eigenen Leben verankert

Die Handanalyse **Chiro-Logie** gehört zu den ältesten Wissenschaften der Welt. Vor rund 5000 Jahren gab es erste Erwähnungen in Indien, China und dem Nahen Osten. Aristoteles spricht etwa 350 v. Chr. von einer „uralten Wissenschaft" und entwickelt sie weiter zur medizinischen Handanalyse. Dieses Wissen basiert auf Forschung und Erfahrung und sagt im Gegensatz zum Handlesen **Chiro-Mantie** nicht die Zukunft voraus.

### Die Lebenslinie (1)

**Sie ist die wichtigste Linie in der Hand.** Die Lebenslinie hat mit der Länge des Lebens zu tun, dafür gibt es relevante Studien. Sie zeigt unsere **Verwurzelung in der Welt, der Familie und im eigenen Körper**. Es geht um die Vitalität und Stärke der betreffenden Person. Beim Fötus bildet sie sich als erste Linie ab dem dritten Monat und verändert sich im Laufe des gesamten Lebens kaum noch. Die Lebenslinie beginnt zwischen Daumen und Zeigefinger und verläuft im Halbkreis um den Daumenballen. Die Linie gilt als lang, wenn sie von oberhalb des Daumens bis zur Handwurzel reicht. Das spricht für **gute Verwurzelung im Sinn von Urvertrauen, stabilem Körpergefühl und einer starken Lebensenergie**. Ist die Linie kurz und endet weit über der Handwurzel, ist nicht viel Energie vorhanden. Bereits kleinere Hürden im Leben stellen sich als schwirig heraus. Haben die Lebenslinien in beiden Händen den gleichen Bogen und die gleiche Dicke, deutet das auf einen standfesten, stabilen Menschen hin. Die Unterschiede in beiden Händen zeigen sich häufig durch Lebensumstellungen, neuen Job, mehr Verantwortung, Wohnortswechsel, neuen Partner oder neue Partnerin etc.

- Je klarer, länger und deutlicher sie ist, umso kräftiger sind Konstitution und Gesundheit.
- Ist die Linie eher dünn, kann das auf Krankheitsneigungen hindeuten.
- Plötzliche Änderungen des Lebensstiles oder jahrelange Krankheiten erkennt man an Unterbrechungen dieser Linie.
- Beginnt die Lebenslinie nah am Daumen, besteht ein großes Sicherheitsbedürfnis.
- Endet sie in der Mitte des Handgelenks werden Abenteuer ebenso wie das Zuhause geschätzt.
- Ragt die Linie weit in den Mondberg (Karte 16, Seite 43) hinein, ist der Mensch ein unkonventioneller Geist, der seinen eigenen Weg gehen und seinen Lebenshorizont erweitern sollte.

## *Die Marslinie (2)*

Diese Neben-Linie ist nicht bei jedem vorhanden, man nennt sie die zweite Lebenslinie. Sie zeigt, dass dieser Mensch höheren Schutz bei Gefahr hat, eventuell spürt er seinen Schutzengel deutlich. An der rechten Hand spielen männliche Ahnen eine Rolle, an der linken Hand wird die weibliche Ahnenlinie sichtbar. Generell wird dieser Linie ein weiteres Kraftpotenzial zugesprochen.

# HANDLINIEN II  *Kopflinie*

## Die Kopflinie

## *Gedankenwelten in der Hand*

Die Kopflinie zeigt, wie Kopf und Verstand, geistige Fähigkeiten und Energien zum Einsatz kommen. Nervenkostüm und Widerstandskraft sind dort ebenso sichtbar. Diese Linie verläuft fast parallel zur Herzlinie. Wichtig ist der Ursprung dieser Linie. Je größer der Abstand zwischen dem Ursprung der Kopflinie und der Lebenslinie ist, umso unabhängiger ist der Mensch. Sind Kopf- und Lebenslinie zu Beginn verbunden, ist der Handeigner sehr stark mit seiner Familie vernetzt.

*Ich denke, also bin ich.*
**René Descartes**

- Eine kurze Kopflinie steht für Pragmatiker und Klischeedenker, die schnelle Entscheidungen treffen. Das muss nicht immer positiv sein.
- Lange Kopflinien deuten ausführliche Denker an, die jedes Wenn und Aber checken.
- Lange Kopflinien können zu Labyrinthen und damit zu Irrwegen werden.

- Hört die Kopflinie erst an der Handkante auf, geht es um Superdenker.
- Doppelte Handlinien sind selten. Sie deuten auf große Denker hin.
- Eine starke Ausprägung bedeutet gute Intelligenz und Konzentrationspotenzial.
- Verästelt sich diese Linie an mehreren Stellen, gehört diese Hand zu einem fantasievollen und kreativ Begabten.
- Eine ganz gerade Kopflinie zeigt einen analytischen, rationalen Denker, der objektiv ist.
- Geschwungene Kopflinien stehen für kreative Denker.
- Zieht die Linie am Ende nach oben, sind die Handeigner direkt und fast rücksichtslos.
- Biegt sich die Linie in Richtung Mondberg (Karte 16) geht es um spirituelle Denker und gute Erzähler.

### Wenn Kopf- und Herzlinie eins sind

*Denken mit dem Herzen und fühlen mit dem Verstand: Diese Linie zeigt Über- und Unterintelligenz und auch das Down-Syndrom. Ganz besondere Menschen tragen sie, oft auch nur an einer Hand. Körperlich und geistig gesund, ist es eine Person mit starken unkontrollierbaren Emotionen, da Herz und Verstand verwirrt verschmelzen. Ähnelt der Primatenhand (Urhand), kann ein Chromosomendefekt sein.*

# HANDLINIEN III  *Herzlinie*

## Die Herzlinie

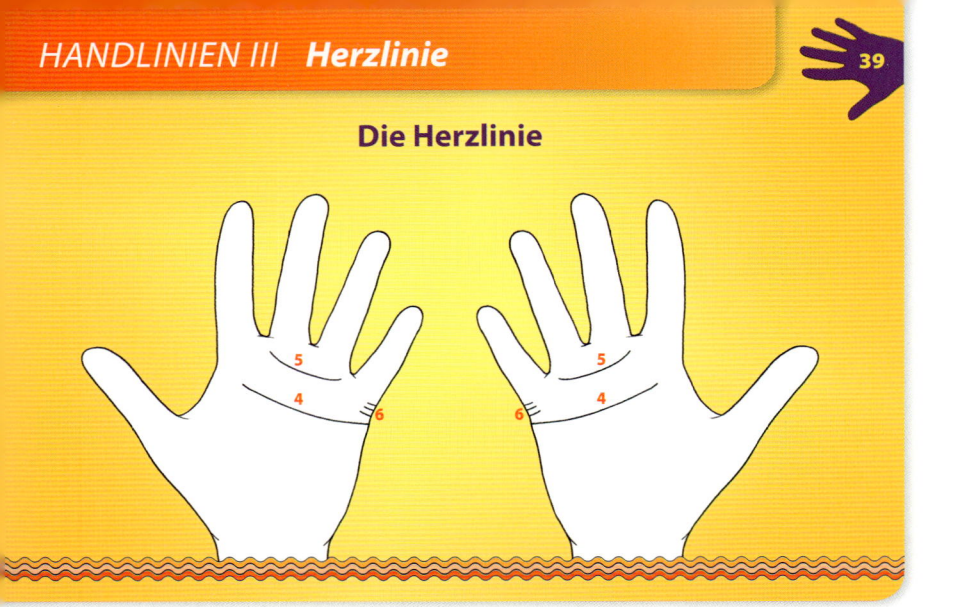

## Der persönliche Herzmodus

Die Herzlinie signalisiert, wie Sie mit Beziehungen umgehen. Sie verläuft von der Handkante bis zum Zeigefinger, direkt unten den Fingerwurzeln. Damit ist das die oberste Linie der drei Hauptlinien. In ihr sind Gefühle, Sexualität und Herzensangelegenheiten verzeichnet.

Die Linie gilt als lang, wenn sie von der Handkante bis etwa zur Mitte des Zeigefingers reicht. Kurz ist sie, wenn sie zwischen Zeige- und Mittelfinger oder direkt beim Mittelfinger endet. Liegt die Linie hoch, sind spirituelle Empfindungen in Liebesbeziehungen möglich. Ist sie tiefer angesetzt, suchen sich diese Menschen oft Unterstützung durch Beziehungen.

- Ist die Herzlinie von der Handkante bis unter den Zeigefinger schön geschwungen, zeigt sich ein großes liebevolles Herz, das anderen viel Gutes tut. Hier muss unbedingt auch an sich selbst und nicht nur die anderen gedacht werden.
- Ist die Herzlinie breit, bedeutet das Glück in der Liebe in vielen guten Partnerschaftsjahren.

- Starke und tiefe Linien zeigen große Leidenschaft, tiefe Empfindungen und viel Einfühlungsvermögen.
- Liegt die Linie hoch, sind spirituelle Empfindungen möglich. Liegt sie tiefer, wird oft Halt durch Beziehungen gesucht.
- Kurze gerade Linien zeigen eine Person, die niemand gern nah an sich heranlässt.
- Gewellte Linien zeigen häufige Gefühlswechsel an.
- Zarte Linien zeigen bedeuten, dass jemand empfindsam ist und immer wieder Rückzüge braucht, um die Seele baumeln zu lassen.
- Inseln oder Kettenzeichen werden als oft kurzfristige eher negative Erfahrungen gedeutet.

**Sexuelle Linie (5)** Diese Linie zeigt, wie es um die Partnerschaften steht. Sind hier mehrere Linien, gab es bereits mehrere Partnerschaften. Ist diese Linie unterbrochen, gibt es Scheidungen und Trennungen. Eine einzelne gerade Linie an dieser Stelle zeigt eine glückliche und langjährige Partnerschaft, fast einen Seelengefährten oder eine -gefährtin.

**Liebeslinien (6)** Menschen prägen ihr Leben mit jeder Entscheidung und Handlung. Die größte Neugier auf die eigene Zukunft besteht bei Beziehungsfragen. Bei den Liebeslinien handelt es sich um Prognosen und eigene Hoffnungen.

**Wichtig** Kopf- und Herzlinie verschmolzen, siehe Seite 87.

# HANDLINIEN IV  *Schicksalslinie*

**Die Schicksalslinie**

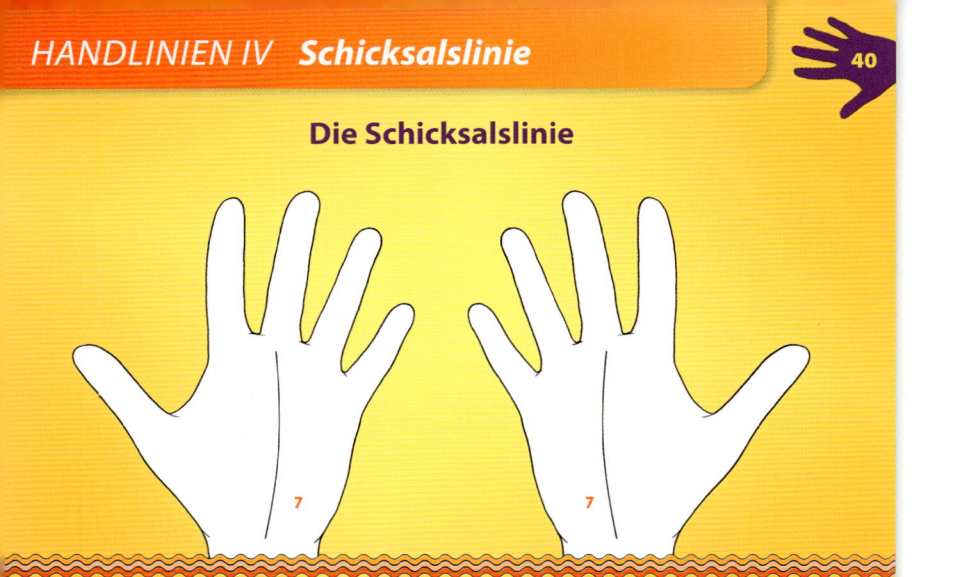

## *Schicksal ist Gabe und Aufgabe*

Die Schicksalslinie ist die am meisten beachtete Linie neben der Lebenslinie. Sie wird auch Saturnlinie genannt, da sie direkt auf den Saturnfinger (Mittelfinger) zuläuft und die Lebensaufgabe, das Verantwortungsgefühl und die Lebenszielrichtung repräsentiert. Diese Linie steht für prägende Eigenschaften. Je stärker sie in Ihrer Hand sichtbar ist, desto zielstrebiger, disziplinierter und durchsetzungsstärker sind Sie. Wichtig sind Ursprung und Ziel dieser Linie. Sie kann durch andere Linien durchbrochen oder gestoppt werden.

- Fehlt die Schicksalslinie, gibt es wenig Regeln und ein unkonventionelles Leben.
- Eine starke Schicksalslinie zeigt jemanden, der weiß was er will und seinen Lebensweg erfolgreich geht.
- Ist die Linie lang, so hat die Person früh Erfolg und wollte unbedingt zeitig auf eigenen Beinen stehen.
- Ist diese Linie kurz, spricht das für einen Spätzünder im Beruf.

- Startet die Schicksalslinie im Mondberg, spielen Glück und richtungweisende Begegnungen eine große Rolle. Abenteuerlust zeichnet dieses Leben.
- Beginnt die Schicksalslinie in der Lebenslinie, ist dieser Mensch stark an sein Elternhaus gebunden.
- Beginnt diese Linie ganz oben in der Mitte der Hand, direkt unter der Kopflinie, ist die Person ein regelrechter Spätzünder. Das kann dennoch zu späteren Erfolgen führen.
- Stoppt die Herzlinie die Schicksalslinie, gibt es einen Konflikt zwischen Beziehung und Beruf. Eventuell wird der Beruf geopfert.
- Endet Schicksalslinie bei Jupiterfingerwurzel: Status und öffentliche Karriere möglich als VIP.
- Endet die Schicksalslinie unter dem Ringfinger, wird Ehe als Ziel definiert.
- Richtungswechsel deuten auf Kreativität und Fantasie hin.
- Alle Unterbrechungen deuten auf Herausforderungen und zeigen Änderungen im Leben an.
- Teilt sich die Schicksalslinie, kann man von einem Lebenssinn-Sucher ausgehen. Dieser Mensch braucht eine eigene Mission.

*Der Anthropologe Karl Grammer ist einer der führenden Verhaltensforscher Europas. Eine seiner wichtigsten Hypothesen ist die vom „Körper als Ornament". Gesicht, Ohren, Iris, Stimme, Körpergeruch, Gangmuster und die* **Hände eines Menschen sprechen eine gleiche, unverwechselbare Sprache.** *Unsere Erscheinung hat sich zum Signal entwickelt, und parallel dazu unsere Fähigkeit, alle Informationen in Sekundenbruchteilen zu deuten, so Grammer.*

# HANDLINIEN V  *Einzelheiten*

## Sehen Sie Sterne oder besondere Muster?

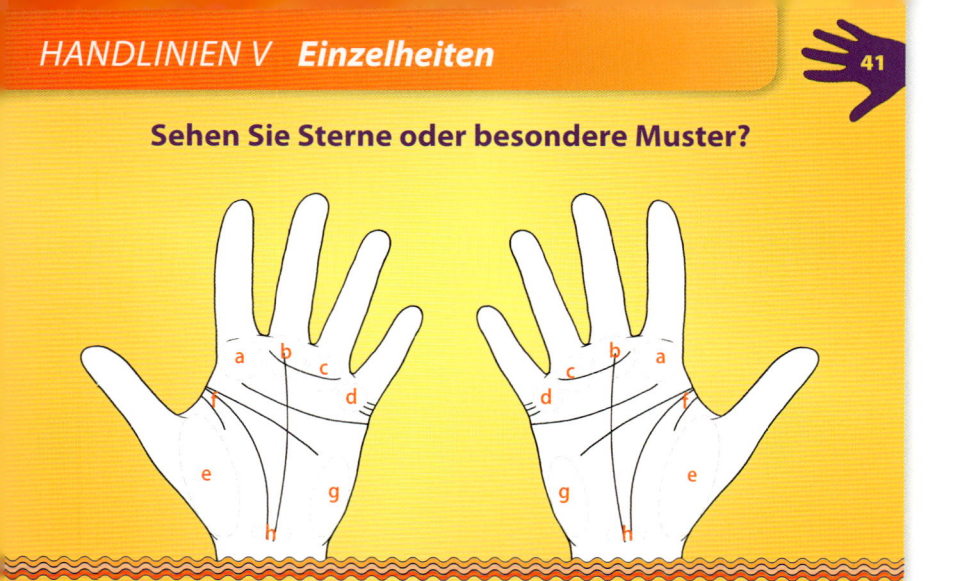

## *Besondere Energien und Ereignisse*

Neben den Hauptlinien gibt es spezielle Verästelungen, Sterne und Muster. Durch sie wird das Handbild immer differenzierter und persönlicher. Betrachten Sie Ihre Handflächen genauer, idealerweise mit einer Lupe und zeichnen Sie die Feinheiten auf eine Fotokopie Ihrer Handflächen oder einer Skizze ein. Gedeutet wird immer in Bezug auf die Linie, an der das Zeichen sitzt.

**Linien im Daumenballen**  Wo sie sich mit anderen Linien verbinden, zeigen sie ein wichtiges Ereignis.

**Parallellinien**  Sie sind immer eine Verstärkung der Anlagen.

**Wellenlinien**  Sie zeigen Unsicherheit, Zweideutigkeit, Hin und Her, Misstrauen, Ausweichen.

**Kettenlinie**  Verlust an positiver Kraft und Energie, Schwankungen im entsprechenden Lebensbereich.

**Bruch**  Störung, Stopp, abgeschwächte Wirkung.

**Gabelung**  Neuorientierung, Vielseitigkeit, neue Möglichkeiten.

**Verästelung**  Nach oben impulsiv, nach unten niedergeschlagen. Linienlaufrichtung einzeln beachten!

***Durchgestrichen*** Ernstzunehmende Blockaden durch innere oder äußeres Ereignisse.
***Punkte*** Schmerzhafte, eindringliche Erlebnisse.
***Kreuz*** Eine Störung der ursprünglichen Anlagen.
***Gitter*** Einschränkungen oder Hindernisse.
***Insel*** „Nichts geht mehr", momentaner Stillstand.

***Die Sterne**** Sie bestehen aus drei Linien, sprich sechs Zacken, und sind eine Energiebündelung unterschiedlichster Art. Sterne sitzen auf den Fingerbergen, am Daumenansatz, am mittleren Abschnitt des Daumens, auf dem Venusberg, dem Mondberg und dem Neptunberg (Karten 15, 16, 18).
***Jupiterstern (a)*** Führungsbegabung, Leitstern, Erfolgspersönlichkeit, manchmal echte Überflieger. Zeigt auch gute Heilungskräfte für sich und andere an.
***Saturnstern (b)*** Auch Midas-Stern** genannt. Alles, was dieser Finger (symbolisch) berührt, wird zu Gold. Die Personen teilen ihren Wohlstand. Müssen eventuell erst lernen, dass ihnen viel zusteht.
***Apollonstern (c)*** Kreativer Ruhm, auch wenn der Stern unvollständig ist. Das Talent muss gelebt und ausgeschöpft werden.
***Merkurstern (d)*** Meisterdenker, der scharfsinnig bis genial ist. Lernweg: dem eigenen brillanten Geist vertrauen.
***Venusstern (e)*** Das Licht der Freude, der Lust und des Vergnügens. Sexualität spielt eine wichtige Rolle.
***Marsstern (f)*** Größter Mut im Krieger- oder Amazonen-Heldenmodus. Geht Risiken ein, entscheidet und packt an.
***Mondstern (g)*** Energie, die von guter Intuition und Eingebung zeugt. Dieses Talent sollte geschult werden. Yin-Kraft des Trägers oder der Trägerin.
***Neptunstern (h)*** Großes Einfühlungsvermögen in allen Lebenslagen und Leidensgeschichten.

\* Nach Alice Funk, Handanalyse, \*\*Wie König Midas aus der griechischen Sagenwelt, bei dem alles zu Gold wurde, was er berührte.

# HANDLINIEN VI *Raszetten*

**Wie viele Ringe erkennen Sie bei sich?**

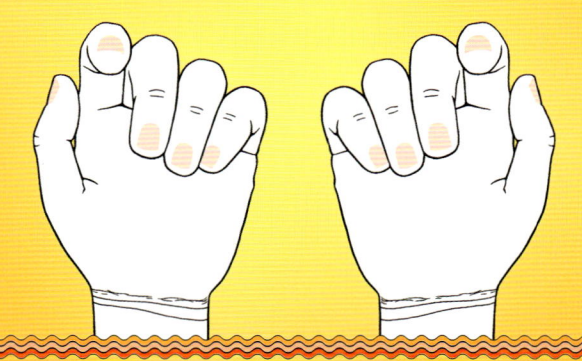

## *Das Armband der Fruchtbarkeit*

Die Raszetten sind Ringe an der Grenze von der Hand zum Unterarm, die wie Armreife das Handgelenk umfassen. Sie bedeuten bei Frauen Weiblichkeit, Sexualität und Fruchtbarkeit. Manche der Reifen sind durchgehend, sie bilden zwischendrin Netzchen, wie Kettenglieder, oder sie sind ganz zart und sanft. Bei Männern sind sie selten und falls vorhanden, wenig aussagekräftig.

Die **oberste Raszette** steht für die Gesundheit der Gebärmutter und für Fruchtbarkeit. Diese ist bei durchlaufender Raszette gut. Ist sie unterbrochen, hochgewölbt oder durchhängend, weist das auf entsprechende Probleme hin. Im Orient werden Frauen mit fehlenden oder nicht durchgehenden Raszetten immer noch diskriminiert, da Fruchtbarkeit und Gebärerfolge hier einen enormen Stellenwert haben.

Neben den Raszetten sitzen an der Innenseite des Handgelenks unterschiedliche Energiepunkte, die die Relevanz der Linien unterstreichen. Das **Wurzelchakra** sitzt dort, es ist das erste Chakra und steht für Urvertrauen, Sicherheit in der Prägung sexueller Animus/Anima,

Yin und Yang jeweils in Einklang bringen zu können, sowie für Weltbild und Religion. Die Essenz lautet „Ich bin".
Darunter liegen **Akupunkturpunkte** an den Meridianlinien. Es sind die Punkte LU9, HC7 und H7. LU9 ist ein Akupunkturpunkt für die Lunge. HC7 ist ein Akupunkturpunkt für das Herz. Drückt man diesen Punkt eine Weile, stimuliert das die vitale Energie des Herzens bei gleichzeitiger Beruhigung.

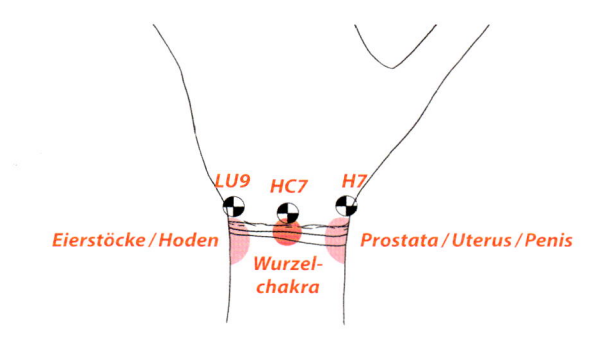

LU9   HC7   H7
Eierstöcke / Hoden   Prostata / Uterus / Penis
Wurzelchakra

## *Deutungen der Raszetten*

- Sind die Raszetten lang und wirken reif und ruhig, weisen sie auf Stabilität und Zufriedenheit im Leben hin.
- Sind sie blass und kaum zu sehen, zeigt sich eine schlechte körperliche Verfassung.
- Werden sie unterbrochen, deuten sie private Probleme an.
- Gehen Äste zum Venusberg, zeigt das Leidenschaft.
- Laufen Äste zum Mondberg hin, zeigt das viele Reisen.
- Sind sie lang und zeigen eine gewisse Reife und Ruhe, weist das auf ein glückliches zufriedenes Leben hin.

*Jedes Mädchen ist die Verwalterin der weiblichen Mysterien.*
*Es gibt Stellen, wo Bauernmädchen aussehen wie Königinnen;*
*das gilt von Leib und Seele.*
Georg Christoph Lichtenberg

# HÄNDE ENERGIE | Meridiane

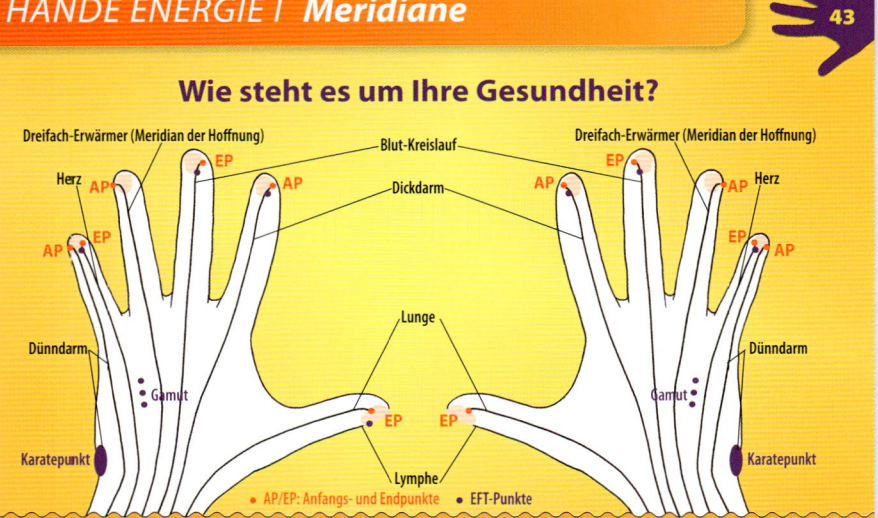

**43**

## Wie steht es um Ihre Gesundheit?

Dreifach-Erwärmer (Meridian der Hoffnung)  
Blut-Kreislauf  
Dreifach-Erwärmer (Meridian der Hoffnung)  
EP  
Herz  AP  
AP  
Dickdarm  
AP  
AP  Herz  
AP  EP  
EP  AP  
Dünndarm  
Lunge  
Dünndarm  
Gamut  
Gamut  
EP  EP  
Karatepunkt  
Lymphe  
Karatepunkt  
• AP/EP: Anfangs- und Endpunkte   • EFT-Punkte

## *Unsere Lebensbahnen*

Meridiane sind in der traditionellen chinesischen Medizin Kanäle, in denen Lebensenergie fließt. Es gibt zwölf gepaarte Hauptleitbahnen und zwei einzelne Mittel-Meridiane. Jeder Meridian ist einem Funktionskreis (sprich Organsystem) zugeordnet und dazu mit einem Element verknüpft. Zu einer bestimmten Tages- oder Nachtzeit sind die einzelnen Kanäle am aktivsten. Auf den Meridianen liegen die Akupunkte, die bei Akupunktur mit Nadeln, bei Akupressur mit Fingerdruck behandelt werden. In hinduistischer und persischer Heil-Herkunft sind Nadis fast identisch mit den Meridianen. Auch die Chakrenkunden sind sehr ähnlich.

**Hauptmeridiane und Organuhr**  Die zwölf Hauptmeridiane ergeben einen Kreislauf, der innerhalb eines Tages komplett durchlaufen wird. Jeder Meridian erreicht jeweils zu seiner Uhrzeit für zwei Stunden sein Maximum. Die Meridiane haben unterschiedliche Fließrichtungen: Yin-Meridiane verlaufen von den Zehen zum Stamm und vom Stamm zu den Fingern. Yang-Meridiane verlaufen von den Fingern zum Gesicht und vom Gesicht zu den Zehen.

> *Die vier größten Energiezentren liegen in den Händen und Füßen.* Keith Sherwood, spiritueller Meister

## Die bekanntesten Meridian-Nadi-Linien-Methoden

- Akupunktur, Stechen der Akupunkturpunkte mit einer Nadel
- Akupressur, Drücken der Akupunkturpunkte
- Shiatsu, Massieren, Dehnen und Drücken entlang der Meridiane
- Meridianmassage
- Europäisches Schröpfen
- Moxa: Wärmebehandlung der Akupunkturpunkte über die Haut
- Japanisches Heilströmen
- Yin-Yoga
- EFT-Meridian-Klopftechnik

**Wichtig** Nicht direkt nach dem Essen, nach Alkoholgenuss oder bei großer Müdigkeit pressen (lassen).

*Akupressur* Bei der Akupressur wird mit der Fingerkuppe von Daumen, Zeigefinger oder Mittelfinger massiert. Die Punkte werden auf beiden Körperseiten behandelt, je dreißig Sekunden bis maximal zwei Minuten. Einsatzbereiche für Laien: Leichte Kopfschmerzen, Zahnschmerzen, Konzentrationsstörungen, Nacken- und Schulterschmerzen, Erkältungen, Nervosität, Schlafstörungen, Verstopfung.

> *Was die Meridiane den Menschen, sind die Leylinien der Erde.* Sie überziehen die Welt in etwa 25 m Breite, der Natur folgend. Leylinien-Kreuzungen gelten als Kraftorte, so finden sich wichtige sakrale Bauten und prähistorische Heiligtümer auf diesen Punkten.

# HÄNDE ENERGIE II *Chakren*

## Bedeutung der Chakren

| | |
|---|---|
| **Kronenchakra** | Erleuchtung, dynamische Energie, kosmischer Einklang |
| **Stirnchakra** | Augen, Gesicht, Gehirn, Lymphen, Hormonsystem |
| **Halschakra** | Kehle, Nacken, Zähne, Ohren, Schilddrüse |
| **Herzchakra** | Herz, Lunge, Kreislauf, Schulter und oberer Rücken |
| **Solarplexuschakra** | Intellekt, Kraft, Wille, Ego, Kontrolle, „Ich selbst sein" |
| **Sakralchakra** | Sexualorgane, Nieren, Blase, Dickdarm |
| **Wurzelchakra** | Hüften, Beine, unterer Rücken, Sexualorgane |

## *Lebensenergie in unserer Hand*

Es gibt unzählige Chakren. Alte indische und tibetische Texte weisen auf 72 000 bis 350 000 solcher Energiewirbel hin, erstmalig vor rund 5 000 Jahren. Allerdings zeigen bereits die sieben Hauptchakren das ganze Spektrum unserer Lebensthemen. „Chakra" ist Sanskrit und bedeutet Rad, Kreis oder Diskus. Chakren gelten als Verbindungsstellen zwischen Körper und Astralleib. Jedes Chakra hat eine eigene Farbe und einen bestimmten körperlichen Bezug. Die unteren Chakren sind unseren Grundbedürfnissen und Emotionen zugeordnet, sie schwingen langsamer. Die oberen Chakren schwingen höher und entsprechen den spirituellen Anlagen. Stress und Angst bewirken Chakra-Blockaden und hemmen den Energiefluss.

**Handchakren** sind Nebenchakren, die mit den Hauptchakren in Verbindung stehen. Sie finden sich in Handteller und Fingern, außerdem auch im Daumen und in einigen Handbergen (siehe Farbmarkierungen). Aktivieren wir unsere Handchakren und nutzen sie regelmäßig, fördern wir die Energie der Hauptchakren.

***Chakren-Arbeit*** Das sind alle Techniken, mit denen man die Chakren reinigen, aktivieren und harmonisieren kann. Dazu gehören Yoga-Übungen, Reiki, Mantras, Mudras und auch Steine, Düfte, Klänge und Farben. Jede auf die Chakren abgestimmte Übung erhöht das Wohlbefinden. Die beste Wirkung wird erzielt, wenn die Übung in einem meditativen Zustand durchgeführt wird.

| Symbol | Chakra | Kräfte | Körperbezug | Hand/Finger | So Sein – Da Sein |
|---|---|---|---|---|---|
| | Kronen | Spiritualität | Fontanelle | Handfläche | Denke weniger – fühle mehr. |
| | Stirn | Intuition | Dreifach-Erwärmer | Ringfinger | (Stirn-)runzle weniger, lache mehr. |
| | Hals | Kommunikation | Dickdarm | Zeigefinger | Rede weniger, höre mehr zu. |
| | Herz | Liebe | Herz, Dünndarm | Kleiner Finger | Urteile weniger, akzeptiere mehr. |
| | Solarplexus | Kraft | Blutkreislauf | Mittelfinger | Sieh weniger zu, tue mehr selbst. |
| | Sakral | Sexualität | Lunge | Daumen | Nörgle weniger, ehre und wertschätze mehr. |
| | Wurzel | Überleben | Sexualorgane | Handgelenk | Sei weniger ängstlich, liebe mehr, was Du tust. |

# HÄNDE ENERGIE III  Reflexzonen    45

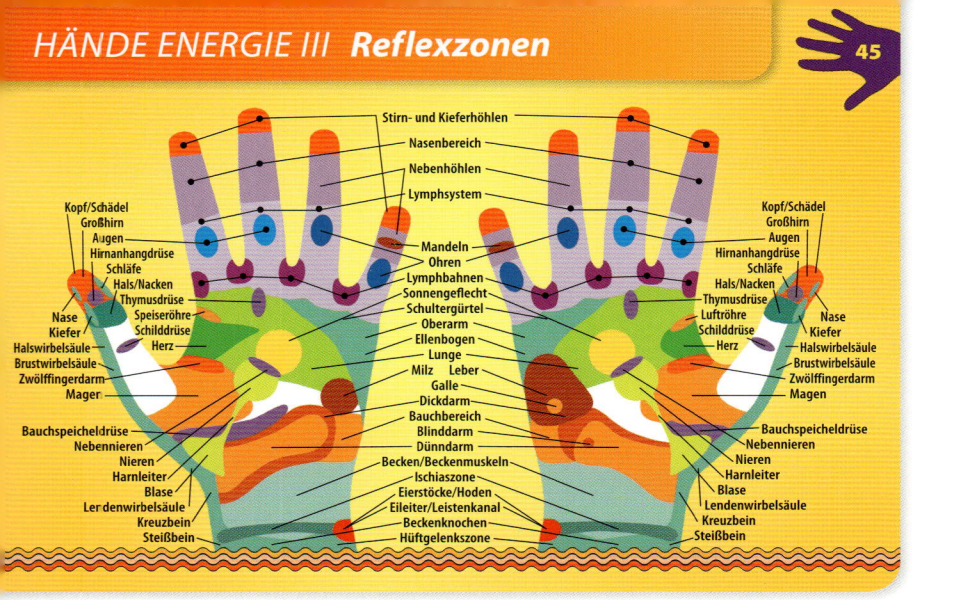

## Heilsame Wechselwirkung

Seit sich „Ötzi" vor 5300 Jahren die ersten uns bekannten Reflexzonen auf den Rücken tätowieren ließ, sind in allen Kulturen Systeme dieser Art gefunden worden. Es wurden und werden immer wieder neue „Landkarten der Gesundheit" auf der Körperoberfläche entdeckt. Heute sind mehr als 30 Reflexzonensysteme bekannt. Die Hand- und Fußreflexzonen sind die bekanntesten, sie kommen diagnostisch und therapeutisch am meisten zum Einsatz. Die Reflexzonen stehen in Wechselwirkung mit inneren Organen und dem Feuchtigkeitsgehalt überall im Körper, dadurch werden die Selbstheilungskräfte aktiviert.

*Der Druck auf die Reflexpunkte* stimuliert Nervenimpulse, die dann zu dem dazugehörigen Körperbereich wandern. Diese Impulse rufen eine umgehende Entspannungsreaktion hervor. Sobald die Muskeln sich entspannen, öffnen sich die Blutgefäße und steigern die Durchblutung. Das erhöht wiederum die Menge an verfügbarem Sauerstoff und Nährstoffen, die in den Zellen dieses Körperbereichs ankommt.

> *Muttermale sowie Warzen* an Fingern, im Handteller sowie am Handrücken haben Bezug zu den jeweiligen Archetypen- und Reflexzonen. Altersflecken zählen nicht dazu.

*Die Reflexzonenmassage der Hand* unterscheidet sich von der entspannenden oder kosmetischen Handmassage, indem sie einen ganzheitlichen Ansatz verfolgt. Man geht davon aus, dass die linke Hand die linke Körperhälfte repräsentiert und die rechte Hand wiederum die rechte Körperhälfte, auch bei umtrainierten Linkshändern. Organe, die nur einmal im Körper vorhanden sind, sind dementsprechend nur auf einer der beiden Hände repräsentiert. Wer die Handreflexzonenmassage ausprobieren möchte, kann die Karte 45 zur Orientierung nutzen. Für die Stimulation der Punkte und Zonen wird leichter bis festerer Druck angewandt, der für einige Sekunden mit wohltuenden Gedanken gehalten werden muss.

*Technik* Die wirkungsvollste Methode ist der „Daumengang". Man übt mit dem Daumen gleichmäßig Druck auf die entsprechende Zone aus. Die Technik: Beugen und Strecken des äußeren Daumenglieds (Achtung: nicht das Daumengrundgelenk beugen!). Gehen Sie mit dem Daumen in ganz kleinen „Schritten" vorwärts, der Druck soll gleichbleibend sein. Beispiel Kopfschmerz: Wer vor dem Einschlafen die Solarplexus- und Halsregionen bearbeitet, schläft gut ein und auch gut durch. Dazu werden Hals- und Nackenzone mit dem Daumengang bearbeitet.

> *Tipp* Nach allen Arten von Reflexzonenmassage sollte reichlich Wasser getrunken werden. Das hilft dem Körper, die Milchsäure zu entfernen, die sich ansammelt und während der Sitzung freigesetzt wird.

# HÄNDE ENERGIE IV  *Mudra*

## Heilung durch die Hände

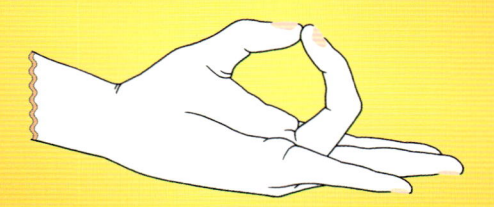

## *Das, was Freude bringt*

Mudras sind spezielle Hand- oder Fingerhaltungen, die den Fluss des Lebens auf besondere Weise stärken. Diese Fingeryoga-Übungen füllen Energiespeicher auf und aktivieren Selbstheilungsprozesse. Es gibt auch Zungen-, Hals- oder Augenmudras, doch meistens werden die Finger genutzt, um Energie zu lenken. Mudra bedeutet im Sanskrit ursprünglich „Siegel", eine weitere Übersetzung ist „Das, was Freude schenkt". Über die genaue Herkunft der Gesten ist wenig bekannt. Sie wurden im östlichen Kulturkreis zu Heilungen eingesetzt, in der restlichen Welt für Rituale und auch Gebete.

> *Du bist nicht auf der Erde, um unglücklich zu werden.*
> *Doch Glück ist allein der innere Friede.*
> *Lern ihn finden. Du kannst es.*
> Siddhartha Gautama Buddha

Mudras helfen, Stress abzubauen und „runterzukommen" von zu vielen Aktionen. Im Alltag genügt oft eine kurze Fingerübung, um die Energien des Körpers zu harmonisieren, z. B. im Lift, im Bus, aber auch unter der Dusche oder in der Mittagspause. „Fingeryoga" ist hervorragend geeignet, um körperliche Beschwerden und seelische Belastungen zu behandeln und zu heilen. Es gibt komplexe Mudras, aber auch ganz einfache. Am Anfang sind simple Fingerhaltungen gut für erste Erfahrungen, wie Mudras wirken und wie wunderbar sich die Kraft dieser Fingersymbole anfühlt.

***Einfach anfangen*** Vorwissen in Yoga oder Meditation ist nicht nötig. Mudras* können im Stehen, im Sitzen und im Liegen praktiziert werden und natürlich auch im langsamen Gehen. Doch am Anfang üben Sie idealerweise sitzend – an einem ruhigen Ort.
- Nehmen Sie eine Position ein, in der Sie sich wohlfühlen. Bodenkontakt ist wichtig.
- Kommen Sie zur Ruhe und nehmen Sie die gewünscht Handhaltung ein. Am Anfang die Mudras mit beiden Händen ausführen, das fühlt sich angenehmer an.
- Die Augen schließen oder inwendig schauen. Die Atmung beobachten. Zwischen Ein- und Ausatmen liegt eine Minipause.
- Richten Sie Ihre Gedanken nur auf das Fühlen und die Mudra. Wenn die Gedanken abschweifen, kehren Sie einfach wieder zu Ihrer Mudra zurück. Passende, auf ein Ziel gerichtete Gedankenkraft erleichtert die Fokussierung.

***Mudra-Dauer*** Spontane „Mal-eben-Mudras" 7, 14 oder 21 Sekunden lang. Bei akuten Beschwerden so lange, bis Sie die Wirkung spüren. Bei chronischen Beschwerden 15 Minuten, 3 – 4-mal täglich. „Gleiche Zeit, gleiche Dauer."

* Gertrud Hirschi: *Mudras für Körper, Geist und Seele.* Königsfurt-Urania, 2018

## HÄNDE ENERGIE V *Fingerspiele*  47

„Der Zauber der Hände"

## *Alles ist eins*

Die Hand zeigt den ganzen Menschen und hat gleichermaßen Zugriff auf Körper, Verstand und Seele. So wie die Meridiane in Kontakt mit den Organen stehen und Finger die Persönlichkeitsanteile differenziert darstellen, hat die Hand selbst direkten Zugriff auf das Gehirn. Sie kann mit Fingerspielen die Durchblutung steigern, mit Mudras Geisteshaltungen intensivieren und Gemütslagen initiieren und mit symbolischen Handhaltungen die Seele erreichen. Sie behandelt darüber hinaus durch Energieübertagung den Körper bis in die Fußspitzen und kann so Krankheiten mildern oder heilen.

*Finger halten*  Die einfachste Art der Selbsthilfe ist das Fingerhalten (Jin Shin Jyutsu). Das geht überall und hilft überall. Je nach Befinden wird der entsprechende Finger sanft mit der anderen Hand gehalten und umschlossen. Über die Meridiane, die dort verlaufen, erreichen Sie Ihre momentane Schwachstelle und bringen ganzheitlich Harmonie in Ihr System. Halten Sie den Finger mehrere Minuten oder so lange es sich gut anfühlt.

HÄNDE ENERGIE

*Daumen halten* Harmonisiert Sorgen und Mutlosigkeit.
*Zeigefinger halten* Hilft, in die Selbstliebe zu kommen.
*Mittelfinger halten* Harmonisiert Ärger und Enge oder Kontrolle.
*Ringfinger halten* Unterstützt Beziehungsthemen und Loslassen.
*Kleinen Finger halten* Bringt mehr Struktur in die Gedanken.

*Atemübung* Die Ordnung der Finger verweist auch auf die Ordnung des Körpers. Mit einer einfachen Atemübung erfahren Sie, dass die fünf Finger gleichzeitig mit fünf Körperzonen in Verbindung stehen: **Strecken Sie die Finger locker in der Reihenfolge vom Daumen bis zum kleinen Finger und tönen Sie dabei ausatmend die fünf Vokale i-e-a-o-u.** Beim Daumen das i, beim Zeigefinger das e und so weiter. Spüren Sie Ihrem Atem nach: Wo fühlen Sie ihn während der unterschiedlichen Laute? Die Atemtherapeutin Ilse Middendorf* hat diese Übung entwickelt.

*Fingerspiele* Die Fingerreime folgen der in alten Kulturen bekannten Grundordnung der Finger. Indem die fünf Finger nacheinander berührt oder bewegt werden, formuliert man Regeln, Leitsätze und Gebete unter den fünf Gesichtspunkten **Freiheit, Wahrheit, Gerechtigkeit, Liebe und Leben** und hat damit alles Wesentliche „erfasst".

*Schattenspiele* Es macht Freude, Schattenfiguren mit den Händen zu formen. Relativ einfach ist der Greifvogel (siehe Karte 47): Beide Handflächen zeigen zum Spieler und werden an den Handgelenken übereinandergelegt. So treffen die Daumen aufeinander und werden parallel nach oben gestreckt. Mit den Fingern der Hände wird der Flügelschlag dargestellt. Auch ein Hase ist leicht zu formen: Mittelfinger und Ringfinger werden mit den Fingerspitzen auf die Daumenspitze gelegt, sie bilden Kopf und Auge. Zeigefinger und kleiner Finger werden als Ohren abgespreizt oder geknickt.

\* Aus „Der erfahrbare Atem", Ilse Middendorf

# GRAPHOLOGIE

## Zeichen der Persönlichkeit

## Sich schreibend sichtbar machen

Handschrift steht für Persönlichkeit, für den einzigartigen Ausdruck und auch den unbewussten Willen. In der heutigen Zeit wird die Handschrift wieder wichtiger. Ein handgeschriebener Brief oder eine Karte haben einen viel größeren ideellen Wert und eine viel stärkere Bedeutung für den Empfänger als eine getippte Whats-App-Nachricht oder eine E-Mail.

Wer mit der Hand schreibt, erzählt neben den geschriebenen Worten sehr viel über sich. Die Schrift gehört zur Körpersprache und ermöglicht einen Blick in unsere Psyche und Persönlichkeit. Graphologen analysieren Handschriften nach bestimmten Regeln und Erfahrungswerten. Für sie ist die Handschrift ein Charakterzeugnis, das ebenso einzigartig und individuell wie der Fingerabdruck ist und die jeweilige Verfassung während des Schreibens zeigt. Graphologie ist eine Disziplin der Persönlichkeitsdiagnostik.

*Tipp* Tagesform prüfen! Druck und Richtung ändern sich wiederholt im Lauf des Lebens.

*GRAPHOLOGIE*

> *Da mir die sinnliche Anschauung durchaus unentbehrlich ist, so werden mir vorzügliche Menschen durch ihre Handschrift auf eine magische Weise vergegenwärtigt.*
> Johann Wolfgang von Goethe

Bei Bewerbungen wird statt eines früher üblichen handgeschriebenen Lebenslaufes heute gern eine Schriftprobe erbeten. Es gehört zum Normalfall, dass große Firmen speziell ausgebildete, erfahrene interne oder externe Graphologen beschäftigen. Um sich ein Bild über die Persönlichkeit des Schreibers zu machen, wird vor allem auf diese Komponenten geachtet:

**Wie ist das Schriftbild?** Dazu gehören Bewegungsbild, Form-, Raum- und Strichbild. Es wird nach unterschiedlichen Merkmalen geschaut wie: kraftvoll, dynamisch, rund, weitmaschig oder plastisch.

**Wie ist die Rhythmik?** Hier wird die Bewegung des Schriftbildes betrachtet. Ist es flüssig, abgehackt oder unbeständig in Form und Einheitlichkeit der einzelnen Buchstaben.

**Welche Einzelmerkmale hat die Handschrift?** So, wie jeder Mensch seine Talente und Eigenheiten hat, erkennen Graphologen in der Handschrift entsprechende Einzelmerkmale, individuelle Besonderheiten, die von der Masse abweichen.

**Der i-Punkt** Die Art und Weise, wie der i-Punkt gesetzt wird, sagt etwas über die Persönlichkeit aus. Sitzt der Punkt sehr hoch über dem i, hat der Schreiber große Vorstellungskraft und Fantasie. Sitzt er direkt über dem Buchstaben, ist er organisiert und mitfühlend. Ein schräger i-Punkt, lässt auf einen selbstkritischen Menschen schließen, der nicht viel Geduld mit seinen Mitmenschen hat. Einen ausgesprochen zögerlichen Charakter haben Schreiber, die den Punkt links versetzt über das i setzen.

# Mit den Augen hören

Es gibt weltweit 137 Gebärdensprachen und zahlreiche Dialekte. Sie ermöglichen es gehörlosen Menschen, am Leben teilzuhaben.

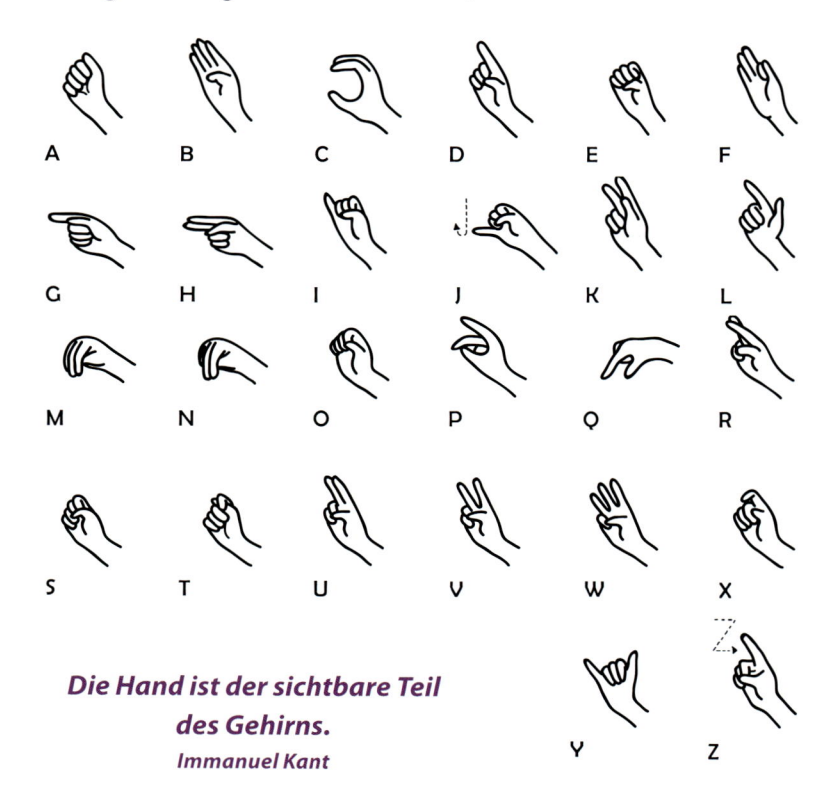

**Die Hand ist der sichtbare Teil des Gehirns.**
Immanuel Kant

## Redewendungen zum Thema Hände

Der Volksmund kennt die Hand in jeder Variante: Zwei linke Hände haben ✳ Eine Hand wäscht die andere ✳ Alle Hände voll zu tun haben ✳ Die Finger im Spiel haben ✳ Die Finger überall drinnen haben ✳ Seine Hände in Unschuld waschen ✳ Mit einem Handschlag besiegeln ✳ Die Beine in die Hand nehmen ✳ Jemanden um den Finger wickeln ✳ Jemandem einen

*Fingerzeig geben ✽ Von der Hand in den Mund ✽ Im Handumdrehen ✽ Handarbeit ✽ Aus der Hand geben ✽ Die Hand ins Feuer legen ✽ Mit einer Hand kann man nicht klatschen ✽ Lieber den Spatz in der Hand als die Taube auf dem Dach ✽ Besser fünf in der Hand als zehn und darauf warten müssen ✽ Sich die Hände reichen ✽ Alle Trümpfe in der Hand haben ✽ Aus erster Hand ✽ Aus einer Hand ✽ Bar auf die Hand ✽ Hand in Hand ✽ Das Heft aus der Hand geben ✽ Sich die Hände zum Bund fürs Leben reichen ✽ Das hat weder Hand noch Fuß ✽ Das Zepter in die Hand nehmen ✽ Alle Fäden in der Hand halten ✽ Meisterhand ✽ Oberhand gewinnen ✽ Die Zügel in der Hand halten ✽ Handgemenge ✽ Handstreich ✽ Eiserne Faust haben ✽ Den Daumen drauf haben ✽ Jemanden in der Hand haben ✽ Hand drauf ✽ Hand anlegen ✽ Handfeuerwaffen ✽ Kusshand ✽ Handgreiflichkeiten ✽ Hand aufs Herz ✽ Immer zur Hand ✽ Jemandem aus der Hand fressen ✽ Etwas mit dem kleinen Finger machen ✽ Keinen Finger krumm machen ✽ Finger weg! ✽ Etwas in die Finger kriegen ✽ Jemandem auf die Finger klopfen ✽ Langfinger ✽ Stinkefinger ✽ Sich die Finger verbrennen ✽ Die Finger von etwas lassen ✽ Mit dem Finger schnippen ✽ Keinen Fingerbreit zurückweichen ✽ Das Geld rinnt durch die Finger ✽*

*Von klein auf wird mit den Fingern gespielt und zwar in der archetypischen Rollenverteilung, die Finger seit jeher haben.*

**Das ist der Daumen,**
der schüttelt die Pflaumen,
der hebt sie auf,
der trägt sie nach Haus
und der Kleine isst sie alle auf.

# Register

**Violett: Haupthinweis im Buch**
**Orange: Karte bzw. Hinweise auf den Karten**

## A
Akupressur 96 f., 43
Akupunktur 96 f.
 -punkte 95 f.
Apollon 37, 54 f.
 -berg 15
Archetypen 9, 12, 101
 Finger- 13, 69

## B
Baum *siehe auch Fingerabdruck*
 68 f., 74 f., 28, 31

## C
Chakren 94, 98, 99, 44
Chiromantie 37

## D
Daumen 18, 36, 39, 42 f., 46 f.,
 48 f., 58 ff., 71, 73, 75, 77,
 99, 105, 13, 19, 25
 -ansatz 13, 46 f., 93, 18
 -ballen 84, 92
 -berge 42, 16
 -beweglichkeit 49
 -enden 58 ff., 24
 -gang 101
 -grundgelenk 46
 halten 105
 -winkel 48 f.
Dominanz 12, 47, 5
 -ansprüche 60
 (Daumen) 47
 -hebel 15, 13, 24
Dreifach-Erwärmer 99, 43

## E
EFT-Meridian-Klopftechnik 97
 EFT-Punkte 43
Erdhände 24 f., 32 ff., 8, 12

## F
Feuerhände 28 f., 33 ff., 10, 12
Finger
 Bedeutung 36 f., 13
 dick 22, 51, 7
 Endglied
  kleiner Finger 57, 23
  Mittelfinger 53, 21
  Ringfinger 55, 22
  Zeigefinger 51, 20

 klein 22, 7
 knotig 23, 7
 krumm 11, 23, 52
 kurz 22 f., 24 f., 28 f., 7, 8, 10
 lang 23, 26, 30, 7, 9, 11
 schlank 23, 7
Fingerabdruck 68 ff., 106, 28,
 29, 30, 31, 32
 Baum 68 f., 74 f., 28, 31
 Hügel 68 f., 76 f., 28, 32
 Kreis 68 f., 72 f., 28, 30
 Schlaufe 68 f., 70 f., 28, 29
Fingerarchetypen 13, 69
Fingerbeeren 68, 72, 74
Fingerberge 40 ff., 93, 15, 43
 kleiner Finger 40, 15
 Mittelfinger 41, 15
 Ringfinger 40, 15
 Zeigefinger 41, 15
  Apollonberg 15
  Marsberge 44, 17
  Mondberg 43, 16
  Neptunberg 42 f., 16
  Saturnberg 15
  Venusberg 42, 16
Fingerform 22 f., 7, 8, 9, 10, 11
Fingerglieder 10, 20 f., 6
Fingergröße 22 f., 7
Fingerkuppe 64 ff., 97, 26, 27
 Linien 66 f., 27
 Tröpfchen 64 f., 26
Fingernägel 78 ff., 33, 34, 35, 36
 blaue Färbung 81, 35
 bläulich-schwarze Flecken 81, 35
 brüchige 83, 38
 gelblich verdickt 82, 36
 gesunde 78, 33
 Grübchen in den 83, 36
 Längsrillen 80, 34
 Löffel- 82 f., 36
 Monde 78 ff., 33
 Ölkur für 83
 Querrillen 80, 34
 Uhrglas- 82, 36
 undurchsichtig weiß 81, 35
 weiße Flecken 81, 35
Fingerspiele 105, 47
Fingerspitze 39, 58 ff., 64 ff.,
 105, 24, 26

Fingerwurzeln 38 f., 6, 14
Führungshand 17, 4

## G
Gebärdensprache 108
Gesundheit 13, 42, 55, 66, 78,
 85, 94, 100, 33, 34, 35, 43
Goldener Schnitt 20 f., 6
Graphologie 106 f., 48

## H
Handfläche 24 ff., 57, 92, 99,
 105, 8, 9, 10, 11, 12, 41,
 44, 45
Handform 10, 25 ff., 8, 9, 10,
 11, 12
Handgelenk 43, 85, 94 f., 99, 42
Händigkeit 16 f., 4
Handlinien 24, 45, 84 ff., 37, 38,
 39, 40, 41, 42
 -deutung 8
 Herzlinie 87 ff., 39
 Kopflinie 86 ff., 38
 Lebenslinie 84 ff., 37
 Liebeslinie 89, 39
 Raszetten 94 f., 42
 Schicksalslinie 90 f., 40
 Sexuelle Linie 89, 39
Hauptmeridiane 96
Herzlinie *siehe auch Handlinien*
 87 ff., 39
Hügel *siehe auch Fingerabdruck*
 68 f., 76 f., 28, 32

## I
Intuition 17, 29, 43, 93, 99, 10, 46

## J
Jin Shin Jyutsu 104, 43
Jupiter 36 ff., 44, 50 f., 53, 60,
 69, 13, 20, 23
 -berg 41, 15
 -finger 36 ff., 50 f., 62, 65, 67,
 73, 91, 13, 20

## K
Kleiner Finger 19, 39, 53, 56 ff.,
 63, 67, 71, 73, 75, 77, 99, 13,
 23, 25, 27, 29, 30, 31, 32
 -berg 40, 15
 halten 105

# REGISTER

**Kommunikation** 8, 12, 14, 15, 19, 37, 39, 40, 45, 47, 53, 56, 57, 59, 60, 63, 67, 71, 73, 75, 79, 99, **5, 13, 15, 23, 24, 29, 32**
**Kopflinie** *siehe auch Handlinien* **86 ff., 38**
**Kreis** *siehe auch Fingerabdruck* 68 f., **72 f., 28, 30**

## L
**Lebenslinie** *siehe auch Handlinien* **84 ff., 37**
**Liebeslinie** *siehe auch Handlinien* **89, 39**
**Löffelnägel** *siehe auch Fingernägel* **82, 36**
**Lufthände** **26 f.**, 33 ff., **9, 12**

## M
**männlich** 13, 15, 27, 28, 42, 47, 51, 54, 55, 85, **4, 16, 18, 19, 33, 37, 47**
**Mars** 43, 45, 48, 51, 53, 59, 61, **13, 19**
**Marsberge** **44 f., 17**
**Marslinie** **85, 37**
**Meridiane** 14 f., **96 f.**, 104, **13, 43**
-Klopftechnik 97
-linien 95
-massage 97
-Nadi-Linien-Methoden 97
**Merkur** 19, **37 f.**, 39, 45, 53, **56 f.**, 60, **13, 23**
-berg 40, **15**
-finger 56, 63, 67, 75
-prinzip 40, 56
**Mittelfinger** 11, 18 f., 37 f., 39, **52 ff.**, 59 ff., 63, 66 f., 71, 73, 75, 77, 88, 90, 97, 99, 105, **5, 13, 21, 25, 27, 29, 30, 31, 32**
-berg **41, 15**
halten **105**
**Mondberg** **42 f.**, 85, 87, 91, 93, **16, 17, 40**
**Mudra** **102 ff., 46**
**Muttermale** **39**, 101

## N
**Nagelmond** **78 ff., 33**
**Neptun** **42 f., 16**
-berg **42 f.**, 57, 93, **16**

## O
**Organuhr** 96

## P
**Partnerschaft** 19, **32 ff.**, 43, 55, 73, 88 f., **12, 39**

## R
**Raszetten** *siehe auch Handlinien* **94 f., 42**
**Reflexpunkte** 100
**Reflexzonen** **100 f.**, 45
-massage 101, **45**
-systeme 100
**Ringfinger** 19, 37, 39, 51, 53, **54 f.**, 58 ff., 63, 65, 67, 71, 73, 75, 77, 91, 99, 105, **13, 22, 25, 27, 29, 30, 31, 32, 46**
-berg **40, 15**
halten **105**

## S
**Saturn** 18, **37 f.**, 41 f., 52 f., 59 ff., 67, 75, **13, 21**
-berg **40 f., 15**
-finger **52 f.**, 63, 65, 90
-linie *siehe Schicksalslinie* **90 f., 40**
**Schattenspiele** **105**
**Schicksalslinie** *siehe auch Handlinien* **90 f., 40**
**Schlaufe** *siehe auch Fingerabdruck* 68 f., **70 f., 28, 29**
**Sexualität** 55, 71, 88, 93, 94, 99
**Sexuelle Linie** *siehe auch Handlinien* **89, 39**
**Shiatsu** 97
**Sonne** 19, **37 f.**, 53, 55 ff., **13, 22**
**Sonnen**
-energie 61
-finger 56, 63, 65, 67, 73
-prinzip 37, 55, 59, 60, 61, **22**
-themen 75
**Spiritualität** 99
**Sterne** **92 f.**,
Apollonstern 93
Jupiterstern 93
Marsstern 93
Merkurstern 93
Mondstern 93
Neptunstern 93
Saturnstern 93
Venusstern 93

## T
**Tröpfchen** **64 f., 26**

## U
**Uhrglasnägel** *siehe auch Fingernägel* **82, 36**

## V
**Venusberg** **42, 16**

## W
**Warzen** 11, 101
**Wasserhände** 26, 30 ff., **11, 12**
**weiblich** 13, 14, 30, 42, 50, 51, 54, 60, 85, 94, 95, **4, 16, 19, 26, 33, 37, 47**

## Y
**Yang** 95
-Meridiane 96
**Yin** 95
-Kraft 93
-Meridiane 96
-Yoga 97

## Z
**Zeigefinger** 11, 18, **36 ff., 50 ff.**, 58 ff., 66 f., 69, 71, 73, 75, 77, 84, 88, 97, 99, 105, **13, 14, 20, 23, 25, 27, 29, 30, 31, 32, 45, 46, 47**
-berg **41, 15**
-Daumen-Winkel 48
halten **105**

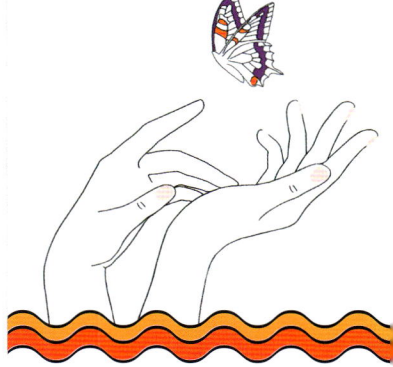

Ebenfalls bei Königsfurt-Urania erschienen

# DIE SCHLÜSSEL ZU UNSERER PERSÖNLICHKEIT

Die Füße spiegeln wesentliche Merkmale unserer Persönlichkeit in der Fuß- und Zehenform und den unterschiedlichsten Lebensspuren. So erzählt z. B. jeder einzelne Zeh eine eigene Geschichte über uns.

Die Augen sind nicht nur das sprichwörtliche Tor zur Seele, sondern auch zum eigenen Körper. Wer die Augenpartie lesen kann, erhält die Chance, seelische und körperliche Konstitutionen positiv zu beeinflussen.

**Rita Fasel • Ruediger Dahlke**
**FUSSDIAGNOSE**
Was die Füße über uns verraten
Buch, farbig, 112 Seiten
und 49 Analyse-Karten
**ISBN 978-3-86826-131-8**

**Rita Fasel • Ruediger Dahlke**
**AUGENDIAGNOSE**
Was die Augen über uns verraten
Buch, farbig, 112 Seiten
und 49 Analyse-Karten
**ISBN 978-3-86826-146-2**